WIZARD

ルール

THE RULE

トレードや人生や恋愛を成功に導くカギは「トレンドフォロー」

How I Beat the Odds
in the Markets and in Life—
and How You Can Too
by Larry Hite

ラリー・ハイト［著］
長岡半太郎［監修］　山口雅裕［訳］

Pan Rolling

The Rule :
How I Beat the Odds in the Markets and in Life—and How You Can Too
by Larry Hite

Japanese translation rights arranged with
McGraw-Hill Education INC.
through Japan UNI Agency, Inc., Tokyo

監修者まえがき

本書はラリー・ハイトの著した〝The Rule : How I Beat the Odds in the Markets and in Life - and How You Can Too〟の邦訳である。ここであらためて紹介するまでもないだろうが、ラリー・ハイトは大手ヘッジファンド「ミント」の創業者にして、伝説的なトレンドフォロアーでもある。本書は彼の自叙伝であり、彼が生まれながらに負ったさまざまなハンディを自ら考え、行動することによって克服し、人生を切り開いていった様が書かれている。

今日の時代に生きる私たち日本人は、日々漠然とした不安を抱きながら生きている。無邪気に希望や自信を持てる人はけっして多くはないだろう。一方、人は自分の過去は変えられない。変えられるのは未来だけであり、その未来を動かせるのは自分の行動だけだ。だが、多くの人はその事実を知りながら、そして心の中で何かを強く欲しながら、実際には何も行動を起こそうとしない。この背景は従来「リテラシーの問題」、あるいは「認知的不協和の理論」でもっともらしく説明されてきたが、その真の理由は何かを始めることが怖いことにある。本当に恐ろしいのは何かを始めることよりも、何もしないことなのだ……と人々が悟るのは、晩年になって、もう自分に残された時間はないと知ってからである。

私たちが本書を読んで感銘を受けるのは、ラリー・ハイトがビジネスの成功者であるからではない。彼が自分の限界や困難に勇気をもって挑戦し、それを乗り越えた体現者だからである。ここには、どうすれば自分の人生を成功に導くべく動機づけられるかが記されている。彼はこの本を、能力や環境に恵まれず不遇な状況にあるすべての人々に向けて書いた。本書を読んで一人でも多くの人が自身の人生を意味あるものにしてくれることが著者およびこの訳書の刊行にあたった関係者の願いである。

翻訳にあたっては以下の方々に感謝の意を表したい。まず山口雅裕氏には読みやすい翻訳をしていただいた。そして阿部達郎氏は丁寧な編集・校正を行っていただいた。また本書が発行の機会を得たのはパンローリング社社長の後藤康徳氏のおかげである。

長岡半太郎

二〇二〇年九月

目次

第2部　ミント・ファンド、マーケットの魔術師、ルールに従う

付録――断片的思考

孫たちに捧げる。彼らには選択肢があることを知ってもらうために。
そして、障害を持って生まれてきたすべての若者たちに、彼らの限界が
力の源になることを期待して。

謝辞

本書を完成するまで多くの人々に助けていただいたが、ベストセラーの著者でトレンドフォローの信奉者であるマイケル・コベルには特に感謝する。彼は私に本書を書くようにと励まして、最初から最後まで知的で思慮深くて鋭い洞察を示し続けてくれた。

ローラ・シェノーネとハーブ・シャフナーに感謝する。二人の編集者は私の発言や話を説得力あるものにしてくれた。マグロウヒルの出版部長のドニヤ・ディカーソンは本書の出版に至るまで、とても忍耐強く寛大だった。そして、原稿整理と編集に腕を振るってくれたアリソン・シュルツに特に感謝する。

アレックス・グレイザーマンに感謝する。彼は若くて熱心な電気エンジニアだった三〇年前に、金融業界でのキャリアを望んで私のところにやってきて、信頼できる同僚となり、共同経営者になった。また、プログラマーから出発して、現在は研究員でありパートナーでもあるビクラム・ゴカルダスにも感謝する。

私のやり方を信頼してくれた元同僚のハービー・マクグラスに感謝する。

弁護士のサイモン・レビンは読書家で、過去三〇年間、法律にかかわることについて専門的な助言をしてくれた。彼と彼の息子のマイケル・レビンとの思い出を共有し、本書の完成に貢献してくれた二人に感謝する。私は幸いにもマイケルの指導者だったので、私が自分のことを楽しく話したのと同じくらい彼も私の話を楽しんでくれたと思う。

かつてのビジネスパートナーで、私が知り合った人のうちで最も賢い一人であるスタンレー・フィンクに。彼は素晴らしい友人で、とても尊敬している。

ハワード・フリードマンが生涯の友人で私を励ましてくれたことや、過去のことをよく覚えてくれていたことは幸運だった。アシスタントのアーリーン・ワードの支えと貴重な貢献がなければ、本書は完成しなかっただろう。

無条件の愛を注いでくれた両親のジョージとヘレンにとても感謝している。ビーおばさん、ハイミーおじさん、いとこのマール・カウフとピーター・カウフにも感謝する。彼らは私を受け入れて、将来、何ができるかについての展望を示してくれた。

娘のサマンサとテッサ、孫のエリーとシル、それに愛するシビルの思い出に感謝する。彼らは私が今までしてきたことすべてに愛情と刺激を与えてくれた。

私の妻シャロンの忍耐と美しさと愛情に、そして私を支えてくれた彼女の家族に感謝する。

序文

「波は止められないが、波に乗れるようにはなる」――ジョン・カバット・ジン

一九九〇年代初期に、私はあるトレード戦略に出くわした。トレンドフォローという手法を用いる主流から外れたトレーダーたちが世界中にいた。

これはバイ・アンド・ホールドではなかった。ウォーレン・バフェットのようなバリュー投資でもなかった。予測や効率的市場とも関係なかった。ブルームバーグやＣＮＢＣが毎日流す予測とも関係なかった。

肝心なのは波に乗ることだった。波をとらえたら、利益を求めて波に乗り続ける。波がどんなに高くても、気にしない。上げているかぎり、乗り続けるのだ。これは投資対象が非常に割安であるというシグナルを見つけようとする手法とは異なる。

ところで、このトレンド手法、あるいは「波乗り」手法にはコツがある。

上昇の波に乗るのは、自分がどれだけ損をする余裕があるかを知っている場合に限る。

なぜだろうか。どんな波でも上げる理由や下げる理由は分からない。だから、下げから身

を守る必要がある。次の日もトレードを続けるには生き残る必要があるのだ。

そして、ここがほかとは異なるこの考え方や生き方の本当に楽しいところだ。これはマーケットに限った話ではないのだ。ベンチャーキャピタルにも、映画制作やスポーツ（映画「マネーボール」のブラッド・ピット）にも、さらには恋愛にさえも当てはまることだ。

このユニークな視点の舞台裏を知ったことで、私は五冊の本を書いて数十万部が売れ、ポッドキャストで七〇〇のエピソードを流し（再生回数は八〇〇万回）、ドキュメンタリー映画の監督もすることができた。

業績を残した有名なトレンドフォロワー（彼らが自分のことをそう呼んでいるかどうかは別にして）を何人か挙げると、次のような人々がいる。ジェフ・ベゾス（アマゾンの創業者）、ダニエル・カーネマン（プロスペクト理論でノーベル経済学賞を受賞）、ジェイソン・ブラム（映画プロデューサー）、ダリル・モーリー（プロバスケットボールのヒューストン・ロケッツのゼネラルマネジャー）、ジョン・W・ヘンリー（レッドソックスのオーナー）、ビル・ガーリー（ベンチャーキャピタル）、ニール・シュトラウス（ナンパ）、ラリー・ハイト（トレード）。

私はこれら選ばれたグループの一人を個人的に知っている。それがラリー・ハイトだ。

彼はトレンドフォローの手法を用いるトレードの世界で、生きた伝説とみなされている数少ないトレーダーの一人だ。だが、トレードの話は別にしても、彼の話はあなたが人生でどういう道を進むにせよ、ためになる。

このように考えてほしい。苦労して稼いだお金や大切な時間を賭けるときには、確率を尊重する必要がある。つまり、いつも自分に有利な確率のときにだけ賭ける必要があるということだ。例えば、宝くじではだれも勝てない。宝くじが当たる確率は常に低いが、それでも希望が尽きることはなく、人々は宝くじを求めて列に並ぶ。

ラリー・ハイトは三〇年以上トレンドフォローの手法で、勝率が高いときにトレードをしてきたことで有名だ。これは宝くじで大金を手にしようと妄想を膨らませるのとは正反対だ。つまり、彼は大勝する可能性があるときに大きく賭けて、確実に負けるときには賭けないのだ。

だが、トレードで大金を稼いだ彼がどうして一般の人にとって本当に面白くて共感できると言えるのだろうか。彼は独創的な人間だ。オリバー・ストーンの映画『ウォール街』やテレビ番組のビリオンズに登場するようなステレオタイプではない。彼は「貧しい地区」で育った。それには勇気づけられる。

私が彼に初めて会ったのは二〇〇五年だった。彼は私のドキュメンタリー映画に出演してくれた。また、私の著書『トレンドフォロー大全』（パンローリング）と『ザ・リトル・ブック・オブ・トレーディング（The Little Book of Trading）』でも彼を紹介した。私たちは長年にわたって多くの話をしてきた。彼には長い時間、インタビューをしてきた。だから、二〇一二年に本を書くべきだと彼に勧めるのは簡単だった。

そして、ついにこの本が出来上がった。彼が最初の本を書き終えようとしていた二〇一八年の秋、ベトナムに滞在している私を訪ねてきて、突然、再会することになった。彼と奥さんが東南アジアの旅行中にサイゴンに立ち寄ったのだ。私たちはすぐに壮観なパーク・ハイアット・サイゴンで会った。

彼は周囲を気にせず、早速、「それじゃあ、質問してよ。始めよう！」と言った。

彼は本当にティーンエイジャーのような熱意で、そうするのだろうか。そのとおりだ。

私はインタビューをする予定はなかったが、彼がちょっと話をしたがっているのが分かった。私はｉＰｈｏｎｅを取り出して、「録音してもいいですか」と尋ねた。

「もちろん」と、彼は言った。

私は彼のしていることを知りたがっている人々がゼロから分かるように彼と話をした。今、彼が「私はトレンドフォローの手法でトレードをしてきた」と言っても、九九％以上の人はそれが一体何を意味するのか分からないだろう。彼は初心者や法学部を出た賢い人にトレンドフォローをどう定義するだろうか。

彼の定義は単純だ。

彼は群衆に従い、お金が向かうところに動く。市場価格を見て、値動きに合わせて買うか空売りをする。

彼はベイズ統計学を使って計算する。計算はその都度、繰り返される。だが、それで何が分かるのだろうか。何かが予測できるのだろうか。ほんの少しだが、予測できる。次の値動きを予測するのだ。その値動きからトレンドが形成されることがある。そして、それは群衆の狂気のせいで、その後も続くことがある。人は人を呼ぶ。株価が新高値を付けるのを見れば、それが分かるだろう。そんなことが起きるのは、だれもがその力強さを見て、自分でも買いたくなるからだ。

ほとんどの人はこのことを理解しているだろうか。答えを言われたら、分かるだろうか。

分からないのだ。

これは、私たちがみんな別の考え方を必要としているということだ。

彼は早い段階で、ほとんどの人が負けるのは無教養だからではなく、計算できないからだということに気づいた。彼らは計算ができない。いや、もっと悪いことに、彼らは計算をしないのだ。だが、計算をすれば、自分を客観的に見ざるを得なくなる。残念ながら、私たちのほとんどは群衆やチームの一員になりたがる。私たちはグループから認められたいと思う。自分を愛し、自分を好きになるには、友人や家族が必要だ。私たちのほとんどは、これらの境界を越えることができない。外に出たら、ひとりぼっちになる。ひとりぼっちは不安だ。

これら複雑なことを見抜く力を楽しく親しみやすく説明できるのがラリー・ハイトの天才的なところだ。彼の独創性を示すためには、彼とした多くの会話から私のお気に入りの一つを抜粋する必要がある。

マイケル・コベル　判断を誤って、なぜうまくいかなかったのか分からない場合には手仕舞わないといけません。資金を回収して、別の日に仕掛け直すしかありません。ほとんどの人にとって、これは非常に難しいことです。

ラリー・ハイト　まあ、それは彼らがどれくらい論理的かによります。

コベル　あなたらしい、スポックのような理屈ですね（笑い）。実は今日、一九六八年の番組『スタートレック』のある回を見ました。レナード・ニモイがスポックを演じている回です。あなたが基本的に言っていることは……。

ハイト　レナード・ニモイは私が通った高校の出身なんですよ（笑い）。

コベル　いやあ、私は今日は千里眼みたいですね。そうなんですか……。

ハイト　そうなんですよ。

コベル　ラリー・ハイトのキャリア全体がスポックとつながっていることを今日、確認しました。

ハイト　いやいや、私は知らなかったんです。でも、発見したんです（笑い）。彼は私の高校の同窓生の一人でした。

コベル　あなたはスポックがするように損失を引き受けるんですよね。

ハイト　いいえ。

コベル　違うんですか。

ハイト　違います。スポックだから、スポックのように振る舞うのです。

コベル　スポックのように損を引き受けないのなら、どうなりますか。破産するのですか。

ハイト　破産して、傷つくのです。実は、損とはうまく付き合わなければいけないのです。

このやり取りが、ラリー・ハイトの本の序文を喜んで書いた理由だ。

どんな生物、どんな動物にとっても一番大切なのは生き残ることだ。何であっても、損切りをすれば生き延びる可能性が高まる。それがスポックの使うような理屈だ。単純な数学や単純な物理学と呼んでもよい。人は環境に適応する必要がある。驚くことではないが、ハイトのあこがれの一人はダーウィンだった。生き残るのは最も足が速い人でも、最も強い人でも、最も知性がある人でもなく、最も適応力がある人だと言ったのがダーウィンだったからだ。生き残らなければ、すべてが終わる。

しかし、彼のような良い人々がよく悪質な投機家呼ばわりされる。彼らは知識がなく嫉妬深い人から悪い連中と言われる。だが、彼は「ちょっと、自分の好きにやらせてほしい。私はルールに従ってトレードをして、エッジ（優位性）を見つけて生き残るつもりだ」と言うだけだ。そして、大衆が望むのは自分の頭で考えるという新しい方法ではなく、集団の安全のほうなので、彼のような考え方は排除される。彼はいつでも喜んで、大衆の安全に対する考えを、大金を得る機会として利用する。

安全に対する大衆の見方と彼のリスクをとる方法の違いについて議論していたら、彼はいかにも彼らしいやり方で私に反撃してきた。「きっと、あなたは億万長者なんでしょうと。それで、彼は私の反応や予想外の展開を求めていると分かった。私は彼が楽しんでいるだけだと分かってもいたので、こう答えた。「ラリー、ぼくは一文なしなんですよ（笑い）。『ゴッドファーザー』のパート2の有名なせりふは何でしたっけ。そうだ、私はマイアミに住む貧しい年金生活者だ、だった！　私はマイアミビーチに引っ越しますよ。そして、あなたの隣に住みます。二人とも年金暮らしです。どうです？」

彼は笑って、「決まりだね」と答えた。

冗談はさておき、彼の哲学は投資界の大衆に誤解されている。例えば、毎年どこかでだれかが必ず、トレンドフォローは死んだと断言する。大量のクリックを誘うように、ブルームバーグお決まりの不吉な見出しが流れる。大手メディアは彼の哲学を単に恐ろしいものとして切り捨てる。どうしてだろうか。彼らの大切な広告収入はラリー・ハイトとは非常に異なる考えや行動をするウォール街から得られるのだが、彼の哲学は要するに彼らの広告にとって脅威だからだ。

しかし、トレンドフォローはなぜけっして消滅しないのだろうか。なぜ彼の考え方は不滅なのだろうか。彼はこれらに対して、損を恐れない人はほとんどいないから、と簡潔に答える。

だが、あなたは損を恐れない人も知っている。私はすでにその人について触れた。それはジェフ・ベゾスだ。ベゾスがラリー・ハイトと同じルールを用いていることを知っていただろうか。アマゾンがビジネスで発明した有名なものはすべて、ベゾスの仕事で生き残ったものだ。それらはアマゾンの実験で生き残ったものだ。もちろん、私たちは失敗した何千もの構想や実験については知らない。市場からデートまで、人生のすべてでとるリスクはさまざまに異なる。だが、多くの実験で失敗しても、予想外の大勝利をすれば報われる。

ラリー・ハイトの言葉の正確な引用ではないが、彼ならジェフ・ベゾスのように、「ロケット船に乗せようという申し出を受けたら、どの座席かと聞き返さずに乗ろう」と言うだろう。さあ。認めようではないか。「ロケット船に乗る」という姿勢は素晴らしい、と！私たちはみんな、すぐにそのことは理解するが、自分の人生を賭けるとなるとためらってしまう。

では、二〇一九年の前半まで飛ぼう。私は発信者番号を見た。それは八〇〇〇マイル離れたところにいるラリー・ハイトからの電話だった。私は電話を取った。私たちはすぐに、この本の書名について議論した。当時、私を含む多くの人々が書名の提案をしていた。しかし、彼が書名について私に考えを述べたのは、そのときが初めてだった。彼はすぐに「ザ・ルール。それで決まりです。書名はザ・ルールです」と言った。彼が説明する必要はなかった。彼は一八〇〇年代の伝説的なイギリスの政治経済学者であるデビッド・リカードについて触れていた。リカードには信念があった。それは「損切りは早く、利は伸ばせ」というハイトが確信する不朽の原則だ。

それが本書だ。

それがラリー・ハイトだ。

マイケル・コベル（michael@covel.com）

『トレンドフォロー大全』（パンローリング）と『伝説のトレーダー集団――タートルズの全貌』（FPO）の著者

トレンドフォローのポッドキャストの制作者

ラリー・ハイトのインタビュー音声（https://www.trendfollowing.com/larry/）

はじめに――ゲームに参加しよう

ブライトンビーチにとても信心深い老人が住んでいた。ある日、彼は隣人が宝くじで百万ドルを当てたことを知った。老人は激しい嫉妬を抑えきれず、家族たちが日光浴を楽しんでいる浜辺に飛び出して、空に向かって叫んだ。

「神様、私はとても怒っています。私は良い夫で良い父でした。懸命に働いてきました。毎週、日曜日には教会に通っています。三〇年前から宝くじがありましたが、私は一セントも当たったことがありません！」

その瞬間、空が暗くなって、稲妻が光った。天から不吉な声がした。

「宝くじを買ったことはあるのですか？　買わなければ当たりませんよ」（一般的に、宝くじは買うべきでない。当たる確率は低い。この逸話は私の主張を説明するために使っているだけ）

人生の教訓その一――勝つためには参加する必要がある。賭けなければ勝てない。これは一見するともっともな教訓だが、私は非常に多くの賢明で才能のある人々が何かを欲しいと言いながら、何も行動しないのを見てきた。彼らは一度もゲームに参加したことがないので、勝者になったこともない。どうして、参加しないのだろうか。それは怖いからだ。私はより多くの人々が今よりも良い人生を送れるように、恐怖を克服する手助けをしたい。また、お金の面だけでなく恋愛でも、適切な賭けをすれば、多くのことが達成できることを孫や彼らの世代に知ってほしい。賭けとは選択することだ。人生や市場では自分の好きなようにできないことが非常に多いが、選択は自分の好きなようにできる。

私にとって最も重要な考えを話そう。それは、自分の夢のほうが自分の限界よりも重要、ということだ。DNAや家庭環境を変えることはできない。しかし、目標や夢を選択して、それを追い求めることはできる。私の場合、自分の限界よりも夢のほうが強かった。私の限界は深刻だった。もちろん、昔も今も、私よりもはるかに苦しんでいる人はたくさんいるが、私はかなりの困難に直面した。第1章で子供のころの話をするが、ここで簡単に説明しておこう。私は中流階級の家庭に生まれた。ひどい学習障害のせいで学校の成績は悪く、目がほぼ見えなかった（一方の目はまったく見えず、もう一方はかすかにしか見えなかった）。私はイケメンではなかった。運動も苦手だった。その私が今では自分の力だけで億万長者になっている。私はどうやって成功したのか。私は自分に賭けて、勝ったのだ。あなたにも必ず同じことができる。

だから、私は自分の話を伝えたいと考えたのだ。

私はお金のためにこの本を書いたのではない。名声を得るために書いたのでもない。名声はすでに手にしているし、それは必ず副収入を生む。私は一億ドル近くを、ほとんど現金か証券で持っている。では、どうして私は自分の人生について語りたいのだろうか。

あなたが本当に知りたいのは、「この本はだれに対して書かれているのか」だろう。この本は高校のダンスパーティーに誘われなかった太りすぎの少女のために書いた。また、野球で一度も試合に出してもらえない少年のために書いた。子供のときには、これはとても傷つくものだ。また、これは有名選手にも当てはまる。彼らもどこかで困難を乗り越えなければならなかったからだ。要するに、私の教訓は小学校や中学校や高校、あるいは人生のどの時点であれ、どうすれば勝てるか分からない人すべてに向けたものだ。

ティーンエイジャーだったころ、ほとんどの人はあこがれの男子や女子からダンスパーティーに誘われたことも、チームのキャプテンになったこともなかったはずだ。キャット・スティーブンスの古いロックンロールの「ファースト・カット・イズ・ザ・ディーペスト

（最初の傷が一番深い）」にもあるように、その時期には初めて傷つく経験をする。

考えてほしい。私は子供のころに太っていて、左目はまったく見えず、右目も少ししか見えなかった。そして、その良いほうの目は失読症だった。だから、私は何をやってもダメだった、学業でもスポーツでも人生でも。しかし、この経験から素晴らしい考えにたどり着いた。何度もつまずき、何度も友人たちにからかわれても、立ち上がって進み続けるしかないのだ、と。

最初にすること

何を手に入れたいかをはっきり言えなければ、それを手に入れることはできない。これはもちろん決まり文句だが、私にとっては文字どおり真実だった。七歳のときだった。ある大人が私と友人たちに、大きくなったら何になりたいかと尋ねた。友人たちは予想どおりに先生や医者や消防士などと答えた。私の番になると、「私は叔父のようにお金持ちになりたい」と言った。お金持ちが何を意味するのかさえ分かっていなかったが、その言葉が口をついて出た（何十年もたって、『金持ち父さん貧乏父さん』［筑摩書房］という本で満足のいく定義を見つけることになる。この著者によると、貯金で二年か三年暮らすことができればお金持ちだそうだ)。まだそんな幼いころに、私は自分よりも年上の人々が持っているものしか目に入らなかった。私は両親と2DKのアパートに住んでいた。私のいとこは大きな家に住んでいたので、お金持ちだった。私はそれが欲しかった。欲しいという気持ちはとても強い。私はその気持ちで奮い立った。

一五年後に大学を卒業したとき、私は同じ質問をされ、同じように答えた。私はお金持ちになりたかった。私にとって、お金はFで始まるものだった。Freedom(自由)、それこそが私の欲しかったものであり、それを享受できたらどんなに良いかと願ってきた。そして、私がしてきたことはすべてこのためだった。私は自分がしたいことを自由に何でもしたかったのだ。しかし、失敗はしたくなかった。私はほかの人ができることでも、できないことのほうが多かったので、それを補うためにお金持ちになる必要があった。

友人たちや私と同世代の人々を振り返ると、私たちのほとんどは似たり寄ったりだったことが分かる。しかし、彼らのほとんどはお金に苦労していて、いろんな後悔をしている。私は彼らよりもはるかに優れていただろうか。まったく、そうとは思わない。私が成功したのは目標を立てて、それを追求する意志が強かったからだと信じている。意味のある目標を立てることがいかに重要かは、いくら強調してもし足りない。自分が本当に望むことが分からなければ、その後に待ち受けているつらい選択の数々に圧倒されるからだ。

これは私が、ほかの人たちが抱くような恐れを感じなかったという意味ではない。私にも恐れはあった。私はまだ二七歳だったときに、初めて大金を稼いだ（この話は第3章で述べる）。そのときの私は喜びや誇りでいっぱいだったと思うだろうが、実際にはこの最初の成功はとても恐ろしかった。私はその大金を失うことが恐ろしかっただけでなく、大金の持つ力や責任が恐ろしかった。

私がどんな道を歩んできたか、これから話すつもりだ。私がどうやってトレードで成功し、最終的に幸せな夫、父、祖父、友人になったかをだ。私の人生と投資に対する取り組み方はテクニカル分析も、何ページものチャートも必要ない哲学に基づいている。常に正しいことをしてきたから、成功して裕福になれるのではない。それは、正しいときにどれほど勝ちを大きくし、間違っているときにどれほど負けを少なくするかで決まるのだ。度量の小さい人が勝って、大騒ぎするのをよく見かける。だが、大きく勝てなければ、知らない人にカクテルパーティーで自慢する以外、本当に勝ったとは言えない。

相場でもベンチャー企業でも、億万長者になるために量子物理学を知る必要はない。実際、ウォール街が発明した多くの金融理論は、私が育ったブルックリンの街ではは るか以前からだれでも知っていた。イェール大学の経済学者でヘッジファンドのマネジャーでもあった人が、一九八〇年代初頭に私に話を持ちかけてきたことを今でも覚えている。彼は、「ラリー、君に加わってほしい。あなたは私たちの開発したシステムが気に入るはずだ」と言った。彼は自分が公表した有名な経済学の論文について説明した。その論文は、商品在庫を持つ費用が経営にどう影響するかを分析していた。在庫を持てば、売れ残った在庫のせいで取り返せない費用が発生するため、売り手にとって大きな損失となるということだった。その論文は、商品が長期にわたって売れない場合の費用を把握する数学的手法を示していた。売れなかった日は毎日、事実上お金を借りているのと同じだ、と。

だが、実はユダヤ人の行商人やその子供たちは売れ残った商品の費用を知っていた。私はこの経済学者に、「私の祖母はシープスヘッドベイで果物の行商人をしていました。その日に果物が売れ残ったら、それを値下げしました。なぜなら、そこで入る現金で七人家族の夕食を用意しなければならないからです」と言った。祖母は読み書きはできなかったが、計算はできた。トレード、投資、起業での成功のほとんどは計算と確率で決まる。そして、その気があれば、あなたもそれを実行できる。

ところで、この経済学者は人が良かった。私は彼に感謝したが、加わるのは断った。それでも、彼は私が考えていたことを確認する役には立ったので、この経験に感謝した。あなたが投資や蓄財について読むものの多くは、詳しく調べると必ず根拠が崩れる複雑な話と予測に基づいている。繰り返そう。必ずだ。勝つことの真実は、ほとんどの人が理解したり、教えられたりしたことよりもずっと単純だ。

可能性が低いことでも、健全な戦略があればそれを乗り越えられる。それは私自身の人生が証明している。冗談抜きで、私は三〇代の初め以来、人生で一日たりとも働いたことがない。どうしてそんなことが可能なのか。まあ、私は自分のしていることが大好きだったので、人が仕事について最初に思い浮かべるようには仕事をとらえていなかったということだ。しかし一方で、私は眠っている間でも儲けられるように、独自のシステムを作り上げた。

私は自分の知恵で生きてきた。小学校から大学までひどく苦労したにもかかわらず、私はそれをうまくやり遂げた。それらの苦労のせいで、私は管理する側の一般通念を簡単には受け入れないし、好奇心が強くて疑い深い人間になった。最初の二つの章で説明するように、私は若いころに落ちこぼれたせいで、失敗や、もっと重要なことだが損失に慣れるしかなかった。そして、それが成功の土台となった。

また、人は間違いを避けられないこともそのころに学んだ。私の投資手法が将来の予測に基づかないのはそのせいだ（ヒント　だれも未来を予測できない！）。また、経済や市場がどこに向かっているかについて大胆な予測を語るには、分からないことや不確実なことがあまりにも多すぎることも学んだ。勝つための私の手法は、人は間違えることがあるということを理解して、人々の行動を読むことにある。そうすれば、遠い未来の未知の世界の事実ではなく、現在の事実に基づいて賢明な判断をして、リスクを積極的に限定する対策を講じることができる。私はトレンドフォロワーだ。トレンドを追いかける強みは、それが現在起きているという点にある。私はベイズ統計を用いて、常に自分の人生の選択を行っている。これは打率を追いかけるのによく似ている。第4章では、お金と人生についてのトレンドフォローの手法を紹介する。それは私に役立ったのだから、あなたにもきっと役立つはずだ。

「最新のもの」とか、神秘的な響きがするシステムとか、「新しく」革命的なリサーチを売り文句にする専門家には注意をしよう。バーニー・マドフを覚えているだろうか。彼は簡単に儲けられると約束して、何十億ドルも盗んだ。そして、悪人は彼一人ではないのだ。

あなたは儲けたいのだろう。それなら、誇大広告には乗せられないように。絶対にだ。今、ここにあるトレンドを注意深く見よう。予測で満載の見栄えの良いリポートに従っても、だれが優れたコピーライターを雇っているか分かるだけのことだ。ウォール街の機関投資家は巧みなストーリーを駆使して、専門知識を売り込む。彼らは千年後も同じことをしているだろう。

ご存じのように、ストーリーは次の世代を楽しませて導くために、人間社会の夜明けとともに作られ始めた。私たちは巧みなストーリーから学ぶようにできている。そして、残念ながら、ウォール街は私たちがストーリーを好むという人間の根本的な弱点を食い物にする。

だが、細心の注意を払っている私たちには現実が見える。グローバルな金融市場をうまく説明したり、そこでトレードをしたりするには、ストーリーではなく数字に頼るしかない（これが唯一の事実だ）。市場とは、非情な経済主体が法律の範囲内で優位性を競いつつ、絶えず入れ替わるところだ。そして、ウォール街で使われるストーリーの多くは、実際のトレンドの背後にある数字、つまり確率をあいまいにするように作られている。私にはそうしたストーリーのすべてに打ち勝つ方法がある。それは市場が上昇しているか下落しているかを知る方法で、二つの統計の比較に行き着く。数字は高校で私に見向きもしなかった美人たちが経済番組で大げさに話すストーリーほど心が躍らないし、魅力的でもない。だが、数字をこれから私が説明するように正しく用いれば、もっと豊かになれる。例を一つ示そう。私が五二週高値に達した会社について話し、チャートでその事実を示しても、それで議論になることはない。しかし、この会社の社長は戦争中に二八人を救った英雄だったと言ったら、一日中話題になるかもしれない。彼は本当にその人たちを救ったのか。それが儲けるのにどう役立つのか。私が知りたいのは株価の五二週高値だけだ。それは数字だ。私が成功できたのはとても退屈で体系的なトレードを生み出せたおかげだ。それで、私はお金持ちになったし、その人が戦争の英雄だったかどうかなど議論する必要もなかった。たとえ、それを知ったとしても、そんな些細なことを追求しても、市場では一ドルも稼げない。

誇大広告を打って生計を立てることはできる。だが、真実に従えば、お金持ちになれる。四〇年間、合法な市場――多くの市場でだが、主に先物市場――でトレードをしてきて、私はトレード対象の行方は不可知であると悟った。それは松の実でも、ポークベリーでも、コーヒーでも、砂糖でも、株式でも、債券でも同じことだ。何をトレードするかはトレードをする理由や方法ほど重要ではない。

私のトレード哲学は、株価は常に上昇するのでバイ・アンド・ホールドをするように、とお客を誘う常識とは真っ向から対立するものだ。株価は常に上昇するなど、だれが本気で信じるだろうか。また、私の哲学はお金だけでなく、結婚や人生や商取引、それにあなたのキャリアが何であれ、それにも使えることが分かるだろう。

損は切って、勝ち組には乗り続ける。これが富を築くことや、あらゆる種類の目標を達成するための私の信条だ。これが私のルールだ。いつ損を切り、いつ勝ち組に乗り続けるかをどうやって知るのだろうか。自分で知るしかない。リスクをどこまで許容できるのかを自分で判断する必要がある。例えば、仕事や人間関係で見返りが減っているとき、いつまで許容できるだろうか。相場が自分のポジションに逆行しているとき、いつまで耐えられるだろうか。答えを見つける方法を教えよう。

人生ではお金よりも時間のほうがはるかに重要だ。私たちはみんな有限の時間しか持っていないことを忘れないようにしよう（少なくとも、寿命を延ばす方法を見つけるまでは）。人はお金を手にすることも、失うことも、取り返すこともある。しかし、時間はけっして取り返せない。だから、うまくいく確率が高いときに良い判断をすることが、より多くの時間、すなわち自由を得る最良の方法だ。

さて、多くの人は確率で考える私のやり方を好まない。そこには英雄もいないし、ドラマも三幕構成もないからだ。英雄が立ち向かう試練もない。釘づけになるストーリーもない。しかし、私は朝起きて数字をいくつか見て、自分の欲しいものを最も簡単に手に入れるにはどうすればよいか自問すると言ったら、どうだろう。次に、トレードを二〇分間すれば、私は一日中自由に動き回ることができる。

望むものを得るには賢明な賭け方を学ぶことだ、と私は気づいた。カギは「賢明な」だ。そして、賢明な賭けをするには確率の基本を理解することだ。お金持ちになろうとしていたときに、私は自分の判断が正しかったときに大きな利益を得て、間違っていたときにあまり損をしない方法でトレードができるようになる必要があった。だから、私の考えやシステムは資金をすべて失ってしまわないようにリスク管理をするところから始まる。実際、私はどれだけ損をする余裕があるかを判断して、それ以上の損が出ないように調整する。言い換えると、賭けなければ、大損することもない。あなたが損をする余裕がある以上のリスクをとらないように、今後もこのことを繰り返し言うつもりだ。なぜそうするのか。あなたは市場の動向ではなく、お金の動きをトレードしているのだ。しかも、それはあなたのお金だ。限られた資金をどれだけ失うつもりかを管理できるのはあなただけだ。この原則に従えば、ゲームに参加しやすくなる。恐怖心を取り除ける！　こう書いていて、私は鳥肌が立った。成功するためにこれはとても重要だが、ほとんどの人がこれを理解していないからだ。

ひょっとしたら、私が動いている世界は自分向きではない、とすでに思っている人もいるかもしれない。待ってほしい。私の話から利益を得るために、投資家やトレーダーである必要はない。これらの考えは、自分が実はどういう人間かや、自分の望む給料を得て望むキャリアと人生を手に入れる確率を最も高めるのに役立つ。人生では、自分の判断で世界を変えることはあまり望めないが、より良い選択をすることはできる。そうした選択によって、あなたやあなたの大切な人の生活を向上させることはできる。それが、私があなたを手助けしたいことだ。

私の目標は経済の専門用語をまったく使わずに、私の話を理解してもらうことだ。確かに、インベストペディア（Investopedia）で簡単に検索できる基本的な経済用語は使っている。私にとって話が面白いことは大切だが、私は事実やトレンドがどう機能するかを示すために話す。それらを誤解させるためにストーリーを利用することはない。

第1部では、幼少期と一〇代のころについてと、学校の成績が悪く、目が不自由で失読症の子供がどうやってやがて天職を見つけることになるかについて語る。私の四つの基本原則と、それらをマネーゲームと人生ゲームに当てはめる方法はこうだ。

①ゲームに参加する。
②賭けができなくなるので、チップすべては失わないようにする。
③確率を知る。
④損を切って、勝ち組に乗り続ける。

最初に、あなたは私がどういう人間で、どうしてこういう生き方を選んだのか、私はどういう考え方をするのか、そしてこれらの基本原則があなたにとってどう役に立つかを理解する必要がある。

第2部では、これらの原則をより大きな世界に当てはめた話をする。これにはパートナーたちと私がミント・ファンドを設立した経緯も含まれる。このファンドは世界最大のヘッジファンドになり、一〇億ドルの資金をトレードした最初のファンドになった。私が行ったトレードは洗練されたリサーチと計算に基づいていたが、その過程を分かりやすく説明した。そして、私とは異なる方向に進んでも、それをどう使えば富を築けるかを示した。また、初心者向けの具体的な手順や上級トレーダーが考慮すべき原則も示した。だが、私にとって最も重要なことは正確な手順ではなく、私が開発した哲学全般だ。これはどの国の人でも、若者から高齢者まですべての人に有益だと思う。

私の経験を知ると、私は初期の失敗のせいで失敗に慣れるしかなかったことが分かるだろう。さらに重要なことは、大金はすべて、小さな損失の繰り返しによって得られていて、それが大勝利と成功への道を開いたということだ。

大学生に講演をするとき、私は彼らが自問すべき七つの質問についてよく話し合う。

一．あなたはどういう人間か。
二．あなたの目標は何か。
三．どんなゲームをしたいのか。
四．どこでそのゲームをするのか。
五．あなたの時間と機会はどこまでが限界か。

六．起こり得る最悪のことは何か。
七．自分の望むものを手に入れたらどうなるか。

この本の書名は「ルール」だ。なぜなら、私の主な目標の一つは、私がお金の面で成功するために使ったトレードの哲学が人生のほかの面――恋愛や結婚やキャリアの決定から道路の横断方法まで――でも、どう役立つかを伝えることだからだ。私の言葉によって、あなたの人生におけるすべての大きな決断、今はじっくりと考えていない決断の根底にある確率を検討するきっかけになればと思う。私はトレンドフォロワーなので、あなたが自分の人生で追っているトレンドや数字を注意深く見てほしいと思う。だれも未来を知ることはできないが、それらのトレンドや数字が伝えていることを知ることはできる。

シープスヘッドベイ、
ポークベリー、
ブラックジャック

第1部

第1章 自分を知る
――私は失敗からどうやって学んだか

二〇一二年七月のある夜、ヘッジ・ファンズ・レビュー誌が初めて開催する授賞式にたぐいまれな成果を出した私を招待した。それは準正装のイベントで、担当者は私に賞を贈るつもりだと言った。

私はどんな賞が贈られるのか想像もできなかった。私は若いころの一時期、芸人をしていた。それは「トレーダーになった最初の芸人」賞だろうか。私はイベントに出席することにどこか抵抗を感じていた。たいていは、出かけると楽しく過ごせるのだが、タキシード姿で混雑したイベントにはあまり出かけたくない。自分が出席しなければならないのは少し面倒だが、この場合は出席する必要があると分かっていたので、しぶしぶ出かけた。

暖かかったが、湿度は高すぎず、気持ちの良い夜だった。イベントはマンハッタンの明かりに照らされたホテルの屋上で開催された。飲み物とディナーと会話というお決まりの流れだ。夜も遅くなったが、私の名前はまだ呼ばれていなかった。そしてついに、最後の賞が発表された。ラリー・ハイトはヘッジファンド業界の先駆者として生涯功績賞を受賞しました。大きな拍手！

私は表彰されたことに感謝して、私の人生哲学の大切な部分を要約して、「見かけだけでは本当のところはまったく分からないものです」と言った。

私はまだその表彰盾を持っている。木と真鍮で作られたプレートが私のオフィスに飾られている。そこには、「ラリー・ハイトはこの三〇年間を堅牢な統計プログラムとシステムの追求に捧げ、幅広い市場と証券について魅力的で一貫したリスク・リワード・レシオを生み出してきた」と書かれている。また、「ヘッジ・ファンズ・レビュー・アメリカズ誌の二〇一二年度、生涯功績賞を受賞したラリー・ハイトはCTA（商品投資顧問業者）やシステマティックな運用を行うヘッジファンドのマネジャー世代に影響を与えた」とも書かれていた。

どうしてこんなことが起きたのか。私はどうやって投資家やパートナーのために何億ドルも稼げたのか。私が達成した成功はあなたにも達成できると信じているが、この成功は私が常に大失敗をすると思っていたから達成できたのだ。では、それはどういう方法なのか。私は失敗のせいで二度と立ち直れなくなることのないように、行動を工夫した。お分かりだろうか。これは極めて重要なことなので、繰り返そう。私が勝ったのは、いつも負けると思っていたからだ。

一体、どうしてそんなことが可能なのだろうか。この真実、この直感に反する考え方は私のルーツである子供時代にさかのぼる。

私は一九四一年にブルックリンのシープスヘッドベイで生まれた。そこはアッパーマンハッタンに住むエリート階層とは対極にある場所だ。私たちは労働者階級の移民と第一世代のアメリカ人――主としてイタリア系とユダヤ系――の居住地域に住んでいた。ユダヤ系の住人はアパートに住んでいて、イタリア系の住人は通りに面した小さなテラスハウスに住んでいた（私は高校生になるまでプロテスタント教徒には会ったことすらなかった）。ベッドルームが一部屋のアパートは第二次世界大戦前の赤レンガの建物で、アベニューVとオーシャンアベニューが交わる角にあった。八歳くらいまで、私には自分の寝室がなかった。それで、両親は同じ建物の二階にあるアパートをなんとかして借りた。それまで、私はソファで寝ていた。

私の両親は何をしていたのか。父はベッドカバーを製造する小さな会社を経営していた。父の両親は移民で、行商で暮らしていたが、父が会社を始める資金を借りる方法をなんとか見つけだした。父にはパートナーがいて、その人が工場を経営し、父のほうはマーケティング、デザイン、販売を担当した。何年もたって、父は自分が高校を卒業していないと告白した。父はとても優しい人で、毎晩七時過ぎには帰宅した。私が何か間違ったことをしたら、かんしゃくを起こすこともあったが、一〇分もすると部屋に入ってきてケーキが欲しいかと尋ねたものだ。母の両親も移民で、行商をしていた。母は家族が豊かになることを望み、早くから私に大学に行くようにと言った。具体的にどうすれば大学に行けるのかは、だれにも分からなかった。

私は目立たない子供で、ほかの子供にない能力というものも持ち合わせていなかった。それどころか、私には重度の障害があった。何をやってもうまくいかず、子供の時期はほとんどいつも落ちこぼれと感じていた。私は十人並みになろうと最善を尽くした。私にとっては、それがワールドシリーズで優勝することに匹敵したからだ（ああ、こう書いていて情けなくなる）。私が「普通」でなかったのは、大きな問題が二つあったからだ。一つは目が不自由だったことだ。生まれたときから一方の目は見えず、もう一方はひどい弱視だった。私の視力はとても悪かったので、学校で視力検査が行われたとき、視力表の一番上の最も大きな文字のEが見えなかった。両親は眼鏡を買ってくれたが、一方の目しか矯正できなかった。そのため、私の学校生活は目がよく見えない状態で始まった。

当然だが、目が悪ければ、スポーツはできない。私のいとこは運動が得意で、彼がボールを投げるたびに顔に当たりそうになった。だれとキャッチボールをしても、いつも取りそこねるか、ひどくぎこちないかだった。母はとても優しくて、「ラリーはよく穴に落っこちたのよ」と言っていた。

子供時代のもう一つの問題は、本のどのページを見ても文字や単語がごちゃ混ぜにしか見えなかったことだ。そのせいで、読書は拷問だった。書くのも苦手だった。父は言葉を発音記号で発音させようとしたが、私には理解できなかった。私は学校で落ちこぼれて、ほかのこともうまくいかなかった。子供のころはほとんどいつも、ひどく落ち込んでいた。自殺を考えることもあった。

何年もたって、私は自分の抱えている問題に名前があることを知った。大学を卒業してずいぶんたったころ、特別教育の学位を取るために勉強していた学校の先生と付き合っていて、そのときに分かったのだ。ある日の午後、私は彼女に会うために彼女の勤める学校に行き、待っている間にサイドテーブルに置いてあった本を取り上げて、適当にページを開いて読み始めた。おそらく、それは適当ではなかっただろう。そのページは失読症に関する章の一ページ目だったからだ。ついに分かったという気持ちに襲われて、私は耐えられなくなった。私は普段は泣かない人間だが、そのときは泣きじゃくった。私の落ちこぼれ人生の説明がそこに書かれていた。それが私についてだれも理解できなかったことだった。子供のころに感じていた怒りや恥ずかしい思いが突然よみがえった。私はそうした感情をすでに克服していると思っていた。だが、人生を私のように始めた人にはけっして克服できないことがある。

子供のころ、失読症について知っている人は私の周囲にはだれもいなかった。ほとんどの人は私が愚か者か怠け者だと思っていた。子供のとき、私を一番心配していたのは母だった。勉強で苦労すればするほど、母は落ち込んでいった。彼女はよく隣家に住む友人のゴールドバーグ夫人のところで泣いていた。「ラリーはどうなるのかしら。彼は何もできないのよ。彼はどうなるのでしょう。どうやって生計を立てればいいのかしら」

父は心配していなかった。父は私に、定年後は両親の面倒を見るんだよと言い、方法はなんとか見つかるよ、と言った。その責任は私にとって大きな重荷だった。そのせいで、私はとても落ち込んだ。

私と同じ世代のユダヤ人は親の面倒を見るのが当然だと思われていた。

振り返ってみると、私はビーティーおばさん一家から大きな影響を受けていた。おばとその夫のハイミーは二〇ブロックほど離れた、環境の良い地域に住むお金持ちの親戚だった。母とおばは私といとこが同い年なので、二人を一緒に遊ばせた。おばの家で何度も週末を過ごしたが、それは私にとって素晴らしい経験だった。おばは私に優しくしてくれた。そして、そこの家族とは文化が違うことに気づいた。欲しいものを手に入れろ、大きく考えるんだ、という具合だ。私は彼らの価値観を知らず知らずのうちに吸収していた。

実は、多くのことが私の役に立っていたのだが、当時はそれに気づかなかった。私の創造性が育まれたのは、何事もうまくできないせいだった。私はできるふりをするのが好きで、自分ができるところを想像するのが好きだった。それで、子供のころははったりで乗り切るようになった。特に自分が不利なときに、多くの子供たちがするように、私は遊び場での生き残り策をどうするかに想像力をフル活用した。例えば、ある子供に「おい、ラリー、あれが見えたか」と尋ねられたとする。彼が空を飛ぶ飛行機を指していようと、通りで起きていることを指していようと、私はすぐにうなずいた。もちろん、見えたふりをしているだけだった。たいていは何も見えていなかった。だが、見えるというほかの子供にできることができない子供にはなりたくなかった。

また、障害のせいで私は想像力がよく働き、それを効果的に使えることを発見した（これはおそらく、対処法の一つだった）。例えば、時事問題の授業では、新聞記事の切り抜きを持ってきて話し合った。私はうまく読めなかったので、宿題をしていなかった。先生に指されるのを緊張して待っていると、前の席の生徒が飛行機の絵を描いているのに気づいた。私の番になると、私は切り抜きを家に忘れてきたので、覚えていることを要約して話したいと先生に言った。先生が「やってごらん」と言ったので、私は時速八〇〇キロで飛べる飛行機が発明されたという記事を読みます、と生徒たちに言った。もちろん、その記事はでっち上げだったが、三人の生徒が自分も同じ記事を読んだと言った。当然、私は黙っていた。それが芸の道の始まりだった。明らかに、私の話はとても説得力があった。この経験は私に強い印象を残した。私がでっち上げた記事をほかの生徒たちが真に受けたのはとても面白かった。先生も真に受けた。人々は私の想像力で得をしていた。私はそのことにまだ気づいていなかったが、私は将来性のある天職を見つけた。

やがて、想像力は私の人生の指針となり、人生を終わらせたいと思うようなひどい落ち込みから救ってくれた。想像力のおかげで子供時代を生き抜けた。だが、もっと重要なのは、ほかの人には見えない可能性が見えたことだ。これは視力の話ではなく、知的洞察力という意味だ。

しかし、大きな転機が訪れたのは高校生になったときだった。私の成績がひどく悪かったので、学校の管理者は私を職業専門学校に転校させようと考えた。彼らの見るかぎり、私は大学には行けないからだ。まず、彼らは私にニューヨーク州統一テストを担当する外部の教育専門家に評価してもらうようにと言った。オフィスを訪ねると、その素敵な若い男性から筆記試験を受けさせられた。いつものように、私はうまくできなかった。だが、彼は私に何かを感じたに違いない。突然、「別の方法で試してみよう」と言った。彼は数学も含めて、選択式の口頭試験に代えた。私はずっと前から暗算で問題を解く方法を考え出していた（今でも実践している）。そこは教室ではなかったので、プレッシャーは感じなかった。試験が終わると、彼はしばらく結果を見直して、母に電話をかけた。

「息子さんの数学の点数はかなり並外れています。彼の数学的推論能力はとても高いものです」

母はもちろん、自分の直感が正しかったと興奮していた。私たちはすぐに高校のシャピロ校長を訪ねた。母は私の成績が悪いので、学業面をもっとしっかり見てほしいと頼んだ。「これが試験の点数です。ご覧のとおり、息子はとても頭がいいのです」と結果を見せながら言った。

校長は解答用紙をちらりと見ると、椅子を下げて私たちと距離を取り、「ハイトさん、馬を水辺に連れて行くことはできても、水を飲ませることはできませんよ」と言った。彼は手助けすることには関心がなかった。学校で管理しなければならない生徒は一〇〇〇人もいた。ひょっとしたら、彼は一〇年後に年金をもらおうとしていて、私たちは学校に期待しすぎていたのかもしれない。校長にとって私は生徒の一人にすぎないので、切り捨てたのだ。これが高校のやり方だと思った。それでも、自分の点数が非常に高いと分かったので、高校を卒業する自信はついた。ただ、うまく卒業できるという保証もなかった。実際、それは現実世界への扉を開いたにすぎなかった。

私の住む地域では、成績が悪い連中は決まって、ちょっとした違法行為で生計を立てるようになった。当時は労働組合にマフィアが入り込んでいたので、私はみんながマフィアだと思っていた。父は工場でストライキをされないように、組合にお金を払わなければならなかったが、経営や生活をしていくうえではそれが当たり前だと考えていた。地元でたむろして、突っ張ったり強がったりしようとする連中がたくさんいた。私自身もまだ一五歳ぐらいのときに両親から車を「拝借して」、無免許運転をしたあと、元の場所近くに戻すといった軽犯罪に手を出したことがある。けんかをして、殴られたことも何度かある。だが、私は早い段階で、違法行為で生きていくことはできないと気づいていた。警官に追いかけられて逃げざるを得なくなったとしたら、困ったことになっただろう。私は走るたびに壁にぶつかることが多かったからだ。

それでも、私は何かに駆り立てられるように、高校生活をなんとか切り抜けていった。障害を避けたり乗り越えたりする方法を見つけようとすると、何かがひらめいた。ある生徒が教師に出す出席表を集めて、別の生徒が教育委員会に出す出席表を集めていると分かったとき、あることがひらめいた。そのとき以来、授業をサボってビリヤード場に行きたくなったら（もちろん、私はビリヤードは得意ではなかった）、私はいつも出席表が集められているときに、教師用には欠席、教育委員会用には出席と付けた。私はこのやり方をとても誇りに思った。

私はニューヨーク州統一テストのおかげで卒業できた。この選択式共通テストのおかげで、学校で生き残れた。例えば、高校一年のときに生物で落第点を取ったので、共通テストで満点を取れなければ落第にすると言われた。生物の授業を受け直すのは耐え難かったので、試験対策用の本と過去問題集を買って、一日がかりでカードに質問と解答を書き写した。私の計画はうまくいった。統一テストは満点で、生物の単位が取れた。管理者や教師は統一テストの成績はとても良いのに、ほかの成績は悪いことに戸惑っていた。

私もこれに興味がわいて、このテストで自分が良い点を取れた要因を調べた。まず、私には望むことがあり、それが力になった。私は絶対に生物を落としたくなかった。そのため、学習障害があっても、ほかの手段で勉強して覚えようという意欲がわいた。過去問題を入手したことも大変重要なことだった。なぜか。いったんゲームの仕組みを理解すれば、攻略法が分かるからだ。また、共通テストには複数の選択肢があるため、問題はすべて確率が関係していた。各質問に対する答えには五つの選択肢があり、通常そのうちの二つはバカげている。見ればすぐに、確率を五分の一から三分の一に上げることができる。答えを推測しているときには、これはとても高い確率だ。これに私の試験対策を足せば、確率はさらに高まる。確率をうまく管理できれば、統一テストの全科目に合格して高校を卒業できる。それが今日、私がトレードと日常生活で使っている方法だ。

幸いにも、私には友だちが何人かいて、人を笑わせる才能があった。だが、私はとても恥ずかしがり屋だったので、三年生になるまでその才能を発揮できなかった。私たちがそのうちの一人の家に遊びに行ったときのことを鮮明に覚えている。彼女は町のとても裕福な地区に住んでいて、私道にはバスケットボールのリングがあった。そこに立っていたときに、私が冗談をいくつか言うと、ほかの連中が笑っているのに気づいた。いつの間にか、私は次々にうまく冗談を言ったり話をしたりしていて、みんながそれを聞いていた。私は見物人に囲まれていた。私が黙ったとき、彼らが黙って聞いていたので、それが分かった。彼らは心を奪われていた。これは大発見だった。話をしているとき、私はバスケットボールをずっと持っていた。私は突然、それを頭上から後ろに投げた。ボールはさっとゴールに入った。それは奇跡的だった。だれもが驚いたが、一番驚いたのは私だった。そのときに、障害を抱えていても、成功できる方法があると気づき始めた。自分の気持ちを伝える方法があった。私たちはだれでも、どこかで何かに対して自信を持てるようになる。だが、私たちは社会に出て挑戦し続けなければならない。

ショートリスト

高校で私が達成したこと
●最終的に卒業した。
●地元のマフィアに加わらなかった。

悪さをしていた現場であるジェームズ・マディソン高校を五七年後に訪れたとき、高校の同級生たちに再び衝撃を受けた。ブルックリンのフラットブッシュ地区にある母校は全国的に著名な卒業生を輩出したことで昔から有名だ。そのなかには最高裁裁判官のルース・バダー・ギンズバーグ、シンガーソングライターのキャロル・キング、俳優のマーティン・ランダウ、チャック・シューマー上院議員、大統領に立候補したバーニー・サンダース上院議員（私は彼を知らなかったが、同じ学年だった）などがいる。マディソン高校ではこれらの輝かしい卒業生を、ウォール・オブ・ディスティンクションという大きなガラス張りの陳列ケースで表彰している。私は自分の名前がそこにあるとは想像もしていなかった。だが、私の生涯の友人であるハワード・フリードマンが私の名前もそこに記されてしかるべきだと思い込んでいたので、私の投資での成功や慈善活動についての記事を推薦文とともに学校に送っていた。私の名前がそこに刻まれているのは彼のおかげだ。それには感激した。慈善活動とトレーダーとしての成功のために、二〇一六年にそこにラリー・ハイトが追加されたと母が知ったら、きっと大笑いし、泣きもしただろう。同級生のアーニーはこのことを聞いても、信じられない様子だった。

「ラリー・ハイトが、か？　冗談だろ？　歩いていて、よく壁にぶつかってたやつだよね！」

自分の欠点を知り、失敗しても心配しない

どうして私は自分の失敗を自慢するのか。それは失敗が私の強みとなり、私を優れたトレーダーにしたからだ。また、あなたも失敗を自分の強みにすることができる。もう一度、言おう。失敗は私の強みだった。

人は自分も誤りを犯す可能性があるということを認めたがらない。しかし、あなたが私

と同じくらい失敗をすれば、時には誤りを犯すことを理解し、それを受け入れるようになる。こういう考え方をすれば、トレードでも人生でもまったく新しい世界が開ける。失敗は一つの行為にすぎない。私はそれに慣れていたので、できるだけ早く次の行為に移るのが簡単だった。あなたがどういう人かや、どんな仕事をしているかは関係ない。自分が誤りを犯すこともあると自覚して、失敗を受け入れられるようになれば、パフォーマンスを改善できる。私はひどい失敗をよくしたので、その不確実性に慣れるようになった。

デートについて考えてみよう。のちに大統領夫人になったバーバラ・ブッシュは、初めてキスをした少年と結婚したと言った。その点では、彼女はとても幸運だった。ほとんどの人は自分の王子様や王女様を見つけて結婚するまでに、多くのカエルとキスをしなければならない。それが人生というものだ。人はひどいデートを何度かしたぐらいで、恋愛をあきらめることはない。うまくいく前に、失恋を経験するものだ。恋愛は完璧を狙うゲームではなく、確率のゲームだ。

本格的なトレーダーや何らかの賭けをする人になるには、ある種のずぶとさが必要になる。数字を見て、自分は賭けをしていると自覚している必要がある。定義上、賭けでは自分に有利な結果が得られないこともある。賭けは不確実な状況で行う決断だ。自分の勝つ確率が九九％あっても、負ける確率は一％ある。私はこのことを検証するためだけにブラックジャックで何千回もカードを配った。そして、そこから学んだことはこうだ。負ける可能性がある――つまり、勝てない場合がある――と分かったら、いつ降りて次のゲームに移るべきかが分かる。負けている賭けがうまくいくことを願いながら、ずるずると続けている人よりも素早く、これができるようになる。

私はその結果で、リスクにさらしているものを何倍にもできる場合を良い賭け、儲けられるかもしれない以上に損をする場合を悪い賭けと定義するようになった。

多くの自力解決プランは、自分を変える努力をするようにと教える。しかし、私は自分が今持っているもので解決する必要があると思っている。あなたは良いにしろ悪いにしろ、すでに手札を配られている。その配られた手札でプレーをすべきだ。自分の欠点をよく知り、それを受け入れるべきだ。それが自分だからだ。髪の色は変えられる。目の色もカラーコンタクトレンズで変えられる。しかし、自分自身や自分のＤＮＡは変えられない。私は、自分自身がどういう人間かを知ってほしいと思っているだけだ。正直な人ならだれでも、一時間も費やせば自分の本当の欠点が分かるものだ。そういう人間であるべきだ。

失敗のもう一つの利点は、何がうまくいかなかったか分かることだ。自分が失敗したからといって、その行為が絶対にうまくいかないわけではなく、今回はうまくいかなかったというだけだ。理由が分かれば、次のゲームや手札やイベントで一歩先を行くことができる。

私自身の考え方を表す次の実例が、私はとても気に入っている。J・K・ローリングはシングルマザーでうつ病と闘いながら、子供が眠っている夜中に「ハリー・ポッター」シリーズの最初の小説を懸命に書いた。執筆に六年かけ、出版社に持ち込んでは断られるという経験をしたあと、ようやく出版にこぎつけてベストセラー作家の一人になった。彼女はハーバード大学の二〇〇八年度の卒業式で、次のようなスピーチをした。

では、なぜ私は失敗の利点について話すのでしょうか？　それは、失敗をすれば不必要なものを捨て去ることができるからです。私は自分が今の自分以外の人間であるふりをするのをやめて、自分にとって重要な唯一の作品を完成させることに全力を注ぎ始めました。私がほかのことで本当に成功していたら、自分の本当の居場所だと信じていた分野で成功しようという決心はできなかったかもしれません。私は自由を手に入れました。

このスピーチがなされてまもなく、私は似たテーマのスピーチをあまり成功していない学生たちにした。彼らはアイビーリーグを卒業する栄誉ある大学生ではなく、ブルックリンのミッドウッド地区にあるエドワード・R・マロー高校の特別支援学級に通う、あまり運のない子供たちだった。私が彼らに話した真実の一部は次のとおりだ。

私は子供のころに自殺を考えたことがありました。私がどんな苦労をしているか分かっている人はいませんでした。あなたたちは自分が愚かだと思い込んでいます。でも、実際には愚かではありません。とはいえ、経験していることはまさに地獄です。人々はたいていあなたたちに愛想を尽かします。私の場合、目が悪くて失読症だったので、本を読むのはとても大変でした。しかし、私には想像力がありました……。自分に想像力があるかどうかを確かめるのに、目が見える必要はありません。自分の内面を見るだけでよいのです。

私は自分で考えなければなりませんでした。そうしないと、ゴミ箱に突っ込まれたからです。生き残るためには、自分を傷つけなさそうなチャンスに賭けるしかないと分かっていました。私は自分で考えなければならないことは分かっていましたが、ペンと紙は使えなかったので、頭を鍛えるようにしました。人は頭を鍛えることができます。人は目標を持たなければなりません。目標があれば人生を単純にできるからです。そして、人生を単純にすることが勝利へのカギなのです。

頭を鍛えると、トレードだけでなく人生のあらゆる判断で、「誤っていると仮定」できるようになった。自分が誤っていると仮定して、どの程度誤っていそうかを評価するのに必要な頭を鍛えると、重要なことを正しく判断できる可能性がはるかに高くなる。人間である以上、間違いは避けられない。私はこれまでにＩＱが飛び抜けて高い人が人生を台なしにするのを数え切れないほど見てきた。彼らは自分の欲しいものを手に入れることにあまりにも慣れていた。そのため、自分が間違っているとは気づかないどころか、想像すらできなかった。私は完璧を期待するエリート教育というものに毒されなかった。そのため、人生で最も重要な判断、すなわち、正しいかどうか簡単には答えられない判断をどうやって下すかについて、アメリカで最も優れた学校でさえ教えていないことに若いころから気づいていた。子供たちは学校では確率について何も習わないせいで失敗する。それは驚くべきことではないだろうか。

自分が何を必要としていて、何を望むのかを知ろう

自分を知れば、自分に何ができるのか、何をしてきたのか、どういう能力があるのか、どこが足りないのかが分かる。しかし、それは出発点にすぎない。次に、自分が何を望んでいるかを知る必要がある。自分が何を望んでいるかを知り、一カ月後や一年後や生涯における目標を設定することがいかに重要かはいくら強調してもしすぎることはない。何が得られるかは何を目標にするかで決まるからだ。目指すものがなければ、何も手に入らない。私は成功する必要があった。成功が私の目標だった。自分にとって必要なことから、欲求や目標が生まれる。だから、自分にとって必要なものは非常に大きな力になる。自分に百パーセント正直になって、自分に何が必要かを判断し、想像できるかぎり大きな望みは何かを決めよう。

成功者は自分の望みを知っていて、目標を達成しようという情熱を持っている。私は若

い人に目標を書き出すようにと言う。だが、これは年齢に関係なく、だれにとっても大切なことだ。人生で達成したい五から一〇の目標リストを作り、それを引き出しに入れて、二週間ごとに見直す。そして、それを洗練していって絞り込む。次に、優先順位を付けよう。ここまでの説明で、私のやり方がどう機能するか分かり始めただろう。

しかし、これは口で言うほど簡単ではない。人は目標を設定したがらないものだ。目標を設定すると、矛盾する欲求との折り合いを付けるのが大変になるからだ。目標を設定してそれを書き留めると、ネットフリックスを見たり最新のｉＰｈｏｎｅでゲームをしたりするのをやめるしかなくなる。私が述べた手順を忍耐強く実行できなければ、失敗する。お金持ちになるという私の目標は何年間も、昼に起きて自由な服装で働くという私の別の目標とは両立しなかった。そして、もう少しで忘れるところだったが、働きたくないときには仕事に出かけなくてもよい、という目標もあった。今後の話で分かるように、やがて私はそれらの目標がどれほど相容れないかを理解することで、両立させる手段を見つけることができた。

目標を設定したら、それらを達成したいという欲求やそうする必要があるかを自問しよう。欲求や必要があれば、幸運だ。ほかの人よりも人生をずっと簡単にできる。闇夜の灯のように明確な目標を持てば、長期的に本当に達成したいことに基づいて選択をすることができる。選択をするたびに、目標に近づいているかどうかが分かる。自分の望みが何なのか確かめよう。その望み次第で人生が決まるかのように、それらに焦点を合わせよう。実際にそれらで人生が決まるのだから。

私は投資が自分のやりたいことだと分かったとき、一生の仕事を見つけたと思った。なぜだろうか。投資は豊かになる道を提供してくれるからだ。思い出してほしいが、私の目標はお金持ちになることだった。また、投資はやりがいのある仕事で、興味深い人々とも出会える。市場はあなたがどこの出身なのかや、学習障害や弱視なのか、黒人か白人かユダヤ人か、やせているか太っているか、ゲイかそうでないかなど気にしない。市場はあなたのことをまったく気にしない。ブルックリンの街角で話すように、もう少し話そう。市場はあなたがだれであろうと、関心はない。それどころか、これは重要な真実なのだが、あなたはお金持ちになることができて、市場に何の借りもないのだ。私が投資をとても気に入ったのは、それが真実を追求するもので、ありのままの自分でいられる場所だと分かったからだ。そして、投資はうまくいった。私はお金持ちになりたかったし、実際にそうなった。また、素敵な人生を歩み、その過程で楽しいことも数多く経験した。頭を鍛えれば、あなたにもできる。あなたは私の理屈を利用して一〇億ドル儲ける（確率は低い）かもしれないし、一〇〇万ドルしか儲けない（こちらのほうが確率はずっと高い）かもしれないが、まずは私の洞察、私が苦労して得た教訓から読んでほしい。

第2章 お気に入りのトレードを見つける
――トレーダーとしての自己教育

若いころ、私は自分自身や将来の家族、それに老後の世話を期待している両親をどう支えていけばよいのか分からなかった（あとになって、私は父に言った。お父さんが当時知っていたことを考えると、私に期待するのはとても悪い賭けだった、と）。高校を卒業したとき、私が大学に行く理由はまったくなかった。実際、大学に行っても良い成績を取れないのは目に見えていると思ったので、進学しないほうがよい根拠は十分にあった。だが、両親、特に母に繰り返し勧められていたので、試しに通ってみた。初めは小さな大学に行ったが、すぐに私には向かないと分かった。私はニューヨーク市に戻って、まずペース大学、次にニュースクールでいくつかの科目を受講したが、どれもピンとこなかった。それらが何の役に立つのか分からなかった。それでも、私は両親のために努力し続けた。

後悔なしの項目

アメリカのナチス党党首のジョージ・リンカーン・ロックウェルがニューヨーク市で集会を行っていた時期があった。私はこの男に私の町でユダヤ人を殺す話などさせるものか、と思った。私は当時、一九歳か二〇歳だった。

私は陸軍や海兵隊にいた友人たちを組織した。そして、その集会に出かけていき、近くの食料品店に入った。私は店主に、「店のトマトをすべて買ったら、いくらになりますか」と尋ねた。

店主は私や屈強な友人たちを見て、戸惑っているようだった。おそらく、これまでにトマトを全部売ってほしいと言われたことは一度もなかったのだろう。彼は値段を言い、私はそれを受け入れた。

今や、路上にはロックウェルを取り囲んで大勢の人だかりができていた。彼を取り囲む人の多くは怒りから集まってきたユダヤ人たちのようだった（ニューヨーク市はナチスの集会を行うには懸命な場所ではなかった。だが、彼は怒りを巻き起こして注目されたかったのだろう）。私たちは彼にトマトを投げつけ始めた。ほかの人たちも同じことをしていた。彼はトマトをよけながら話し続けた。私たちは彼が話せないようにして、歓迎されていないことを伝えた。

私が袋のなかの最後のトマトを取ろうとしたら、ほかのだれかもそれを取ろうとしていた。私はその見知らぬ若者を見上げた。あとで、彼はポーランド人で、ユダヤ系でさえないことが分かった。また、彼自身もなぜそこにいるのかも分かっていなかったが、最後のトマトをめぐって私と争っていた。もみ合っていたら、警官が来て、私たち二人と私の仲間の一人を捕まえて、ほかに捕まった者たちと一緒に護送車の後ろに放り込んだ。捕まったのは主にユダヤ人で、第二次世界大戦中にヒトラーと戦った人々もいた。結局、私たちは警察署に連れて行かれて、法廷に召喚された。ポーランド人の若者と争ったため、私たちは少年裁判所に送られ、父の弁護士の助けで保釈された。

総じて、この抵抗は取るに足りないことだった。しかし、私はあのナチス党の男にトマトを投げつけたことや、最後のトマトをめぐってポーランド人の若者と争ったことをすべて懐かしく思い出す。私は「後悔なし」という項目にこのことをファイルしている。人生で賢明な賭けをするときに、記憶を呼び覚まして奮起するこうした瞬間が、間違いなくあなたにもあるだろう。

私は大金持ちになるという明確な目標をまだ持っていたが、大きな障害を抱えてもいた。私は猛烈に働きたいとは思わなかったし、やりたくないことは何もしたくなかった。自分がいたくない場所には出て行きたくなかった。これらを考えると、どうやって富を築くかは間違いなく難問だった。

一方、私は生活費を稼ぐ必要があった。友だちの父親のなかにペンキ職人組合で有力なコネを持つ人がいて、お金を稼げる仕事があると私たちに言った。私はそれに飛びついた。彼の話では、家賃の上限を決める新しい法案が可決される前に、知り合いの不動産開発業者たちがグリニッジビレッジとソーホーのアパートを急いで修理して貸し出そうとしていた。期日前にアパートを貸し出せば、今までの指針に従って高い家賃を請求できるからだ。彼らが急いでいたのも当然だ。組合の代表者は私たちを大きなビルに連れて行った。そこは塗装の最終段階で、ドア枠の手入れを除けばアパートとして貸し出す準備がほぼ整っていた。この手入れにはまずドア枠を外してから、余分なしっくいを剥がす必要があった。仕事を終えたアパートごとに、三ドルもらえることになった。いくつかのドア枠を試してみたが、すぐに大変な仕事だと分かった。

突然、私はあるアイデアを思いつき、友だちに車でバワリーまで連れて行ってと頼んだ。これは一九六〇年代の話で、この評判の悪い通りのどの出入り口にもホームレスやそれに近い人たちが立っているか眠っていた。私は二～三ドル稼ぎたい人がいないか尋ねて回り、グリニッジビレッジのビルで会おうと言った。驚くべきことに、実際に数人が現れた。私は彼らに仕事をするアパートごとに二ドル渡すと言い、彼らにヘラを買い与えて、やり方をざっと教えた。彼らは喜んで働いた。その夏のほとんどはそれを続けた。私が雇った人は出入り口ごとに二ドル稼いで、私は一ドルを稼いだ。マージンは五〇%だった。

九月までに、友人たちは暑さのなかで懸命に枠をこすってペンキを塗り、それぞれ二～三〇〇ドル稼いだ。まったく働かなかった私は一〇〇〇ドル近く稼いだ。これはわずかな労力で大きな利益を上げたまったく初めての経験だった。私はうきうきした。話が広まり、地元の組合（実はマフィア）の連中は私のやり方に感心して、ほかの仕事をやらないかと誘ってきた。再び犯罪に誘われたが、これはとても悪い結末になりかねないと強く思った。

当時、私が興味を持っていた唯一の職業は演技だった。大人になって、演技をするのが得意になったので、舞台で演技をするようになった。また、前に話したように、私は人を笑わせるのがちょっと得意だった。そこで、私はオーディションを受けて、グリニッジビレッジの小さなクラブでスタンドアップコメディや即興演技を始めた。ほかにできるものが何もなかったので、私は演技に魅力を感じた。それに、ショービジネスの世界では大金を稼げた。私は試しに演技をしてみたいと思ったが、真っ当な道を歩むべきだとも思った。

それで、大学を卒業しようと苦労して続けた。私はそのころ、私を受け入れた唯一の大学であるニューヨーク大学商学部に入学していた。私は経営には興味がなかったが、入学担当の責任者は、卒業に必要な経営学に関する五科目を取らないと、文章術と演技の授業を取ることができないと明言した。そこで、私はそうした。授業の合間に、私はオーディションを受け続け、大きなチャンスに恵まれることを期待していた。映画はお金を稼げるビジネスだったので、私はパートナーと脚本を二本書いた（自分で脚本をすべて書くことはできなかった）。そして、それらを実際に売った。だが、それらの映画が制作されることはなかった。

経営学大学院に行ったことがないトレーダーによるキャリア初期の教訓

- ●利益とは、自分がしなかった労働に対して払われたお金のうちで手元に残った部分だ。
- ●相手の行動を理解するカギは動機だ。
- ●現金が足りない場合はレバレッジを使えないか考えよう。
- ●だれもが笑っているときに笑っていない人に注目しよう。

やっと端役で映画にちょっと出演したとき、厳しい現実を思い知らされた。映画は結構大変で退屈だと分かったのだ。一場面を撮影し終えたあとで、アーク灯の位置が違うとだれかが気づくと、撮影をやり直さなければならなかった。そして、何かほかにまずいことが見つかって取り直し、ということが延々と続いた。それにはうんざりした。即興の演技は好きだったが、映画を制作する過程は私には向いていなかった。それに、自分が映画スターになれないのに、演技を続ける意味があるだろうかと思った。

それで、私は俳優としてのキャリアに終止符を打った。私は損切りしたが、いくらか利益もあった。俳優をしていた時期に、私はメソッド演技を勉強した。それは人生で学んだことでおそらく最も良かったことだ。私が話しているのは、一九五〇年代にニューヨークのアクターズスタジオでリー・ストラスバーグによって有名になった演技スタイルのことだ。メソッド演技法では、俳優が演じる人物の感情を疑似体験するように促す。それは演じる人物の目標や、その目標をどうやって達成しそうかを理解することを意味する。要するに、メソッド演技は他人の動機を知る方法を教えてくれる。そのとき以来、私はその手法を使って投資やトレードの判断をしてきた。なぜだろうか。人間の本性、つまり、脳のまだ原始的な部分が金融市場を動かしているからだ。昔から私たちのあこがれやニーズ、欲望、恐怖、野心、創造性が、需要と供給とトレンドと好況と不況の原動力だった。これらは現在もこれからも変わらない。

しかし、俳優としてのキャリアが始まる前に終わってしまった当時の私にとって、最も緊急の問題は大金を稼ぐために何をすればよいのかだった。私は何かほかのことを見つける必要があったが、それが何かはまだ分からなかった。

ある日、金融学の授業でコネチカット出身の小柄でユーモアのセンスがある教授がさまざまな金融商品を説明していたとき、その「何かほかのこと」に不意に出合った。彼は経営学の教授らしく敬意を持って株式と債券について説明したあと、商品先物に移った。知らない一般読者のために説明しておくと、商品とは世界中で取引され、食料やエネルギーや衣料品など何百万もの製品に作られる農産物や燃料や金属のことだ。株式を買えば、会社の一部を保有していることになる。しかし、大量の石油やトウモロコシやココアや砂糖を買って、売るときまで自分のガレージに保管しておくのは現実的ではない。そのため、商品トレーダーは先物の売買という形でこれらの市場で取引する。基本的に、彼らは将来の価格について賭けをする。多くの人は当時も今も、詳しいことを知らなくても、これはとてもリスクが高いと思っている。

教授は、商品市場はすべての市場のなかで最もおかしな市場だと言った。なぜなら、とんでもなく大きなレバレッジ（つまり、借金）を使って取引できるからで、場合によっては、丸代金のわずか五％を現金で支払えばよい、と言う。

その瞬間、私は驚きで目が覚めた。わずか五〇〇ドルの証拠金で一万ドルの商品をトレードできる、と教授は言ったのだろうか。これはとてもうまい話のようだ。

だが、私の教授は明らかにそうは思っていなかった。彼は、商品市場は不合理なほどリスクが高いと見ていた。「彼らは五％の証拠金でトレードをしているが、そのお金でさえほとんどが借金だ」と、教授は信じられないという様子で言った。一人を除いて、教室の全員が笑った。その一人はのちにその商品市場でトレードをして、億万長者になった。それが私だった。私はそのおかしなトレーダーたちをとても賢そうだと思った。彼らは必要な資金のほんの一部を口座に入れるだけで、残りの資金を比較的安く借りて大きな取引をすることができる。これのどこが、そんなに変なのだろうか。他人のお金で賭けられる。それは素晴らしいアイデアに思えた。さらに、五％の証拠金は毎日、口座に残り、米国債で運用されている。国債の金利が三％だったら、証拠金の実際のコストは五％ではなく、実際には二％になる。それはとても安い借金だった。そして、これは高等数学ではなく、単なる計算で発見したことだった（これは私が子供のころに学んだスキルだったことを思い出してほしい）。確率を高めたいとき、計算はとてもお勧めだ。

商品のトレードをするのに大企業のオーナーである必要がないことは明白だった。シープスヘッドベイ出身で、とても安くお金を借りて次のトレードでそのお金を返す普通の人でもよい。それは私には賢いことだと思えた。

　また、この教授は一つの商品に投資することと二〇商品から成るポートフォリオを持つこととのリスクの違いを実は理解していない、ということにも気づいた。一つの賭けで五％損することはあっても、二〇の賭けすべてで五％ずつ損する可能性ははるかに小さい。

　私は商品先物について学べることすべてを学び始めた。ほとんどの人は、このトレードでは変動率が危険なほど高いと信じていた。何年もたって、私は自分の検証とデータ分析から、長期的には商品が株式以上にリスクが高いということはないと知ることになる。それでも、商品は一部の人々が恐れるほどボラティリティ（変動率）の影響を受けやすいことも事実だ。一つには、多くの農産物は天候の影響を強く受ける。晩春に氷雨を伴う大規模な暴風に見舞われたら、その時期の作物は被害を受けて、価格が突然上昇する可能性がある。さらに、地政学も影響する。原材料は世界中で栽培・採掘されているため、戦争、暴動、関税、輸送問題、政府の補助金のいずれも価格変動の原因になる。トレーダーはそれらの価格の動きを推測することで利益を得る。価格が上昇すると思えば買いポジションを取る。つまり、安値で買ってより高値で売る。価格が下落すると思えば、売りポジションを取る。つまり、お金を借りて商品を売り、その価格が下げて利益が出るときに買い戻す。そして、繰り返すが、このトレードの利点はレバレッジを使えるという点だ。

ハムレットの登場人物のポロニウスは息子に、「借り手にも貸し手にもなるな」と言う。シェークスピアは天才だったかもしれないが、私はこれが悪いアドバイスだと分かっていた。実業家はお金を借りるべきだ。なぜだろうか。お金があれば、そのレバレッジを使って利益を得ることができるからだ。確かに、特にトレードではレバレッジという言葉は恐れられている。大損をすれば、「追証」という恐ろしい言葉で証拠金の不足分を取り立てられるからだ。

しかし、損を受け入れられる範囲内でしかリスクをとらずに、自分のやりたいようにトレードができるとしたらどうだろう。そして、全資金を一つか二つの銘柄に投資するのではなく、二〇銘柄に分散してリスクを最小限に抑えたらどうだろう。二〇銘柄のすべてが同時に下げる可能性はどれくらいあるだろうか。可能性はかなり小さい。そして、価格が下げ始めたらすぐに損切りをして、必要以上にリスクをとらないようにすればどうだろうか。これらのアイデアはやがて何百万ドルも稼ぐことになる私の投資手法の基礎となった。だが、その時点ではこのゲームを理解し始めたばかりだった。

大学生時代には、市場に関してもう一つ、重要なひらめきがあった。あるとき、私は大学でほかの学生と学期末リポートを売る商売をした。私はできが良いリポートを二〜三本手に入れ、冒頭の主張と最後の結論を手直しして、内容の順番を入れ替えた。私のリポートを買った学生の多くは同じ授業を取っていた。そのため、中身が基本的に同じリポートに対して、ある学生には良い点を付けて別の学生には悪い点を付ける教師がいることに、私は気づいた。どうして、そんなことが起きるのだろうか。私は教師がリポートを注意深く読んでいないときにそういうことが起きる、という結論に達した。だが、教師と学生との関係が良いか悪いかも影響していた。それが分かったおかげで、私は「成績」市場について先入観を持って見るようになった。そこは効率的市場ではなかった。人間が強欲と恐怖から激しい争いをしているかぎり、効率的市場は現在も今後もけっして存在しない。私はそのことをやがて知ることになる（効率的市場という神話については、あとで詳しく述べる）。

＊　＊　＊　＊　＊　＊　＊　＊

市場とトレードに関するひらめきで、私は目標を見つけた。私はこの未開の市場でトレードをしたかった。しかし、私はこのゲームに参加する方法を知らなかった。それで、大学を（あまり努力もせずに六年後に）卒業したあと、お金を稼ぐために音楽プロモーターの仕事を見つけた。私はロックバンドの代理人として、ライブハウスの入場料の一部を受け取った。

一九六四年のある夜には、イーストビレッジで私がプロモーターをしていたライブハウスでビートルズのマネジャーのブライアン・エプスタインに会ったこともある。私は彼が好きだった。彼のことは一生忘れないだろう。私たちには多くの共通点があった。彼は労働者階級の出身で、ユダヤ系で、父親は家具店の経営で家族を養っていた。彼がビートルズに賭けたのは、ビートルズがすでにリバプールとイギリスの音楽シーンを席巻していたので、彼らのマネジャーになっても破産はしないが、世界的にブレイクすれば自分も大成功する可能性があったからだという。最も良い部分は、物事がうまくいかなかった場合の代替案があったことだ（代替案は常に必要だ）。彼の父親は地元でレコード店を経営して成功していたので、彼はいつでも故郷に戻って家業に就くことができた。もちろん、彼の賭けは大成功だったが、悲しいことに長くは続かなかった。彼は自分の仕事についてはリスク管理ができていたかもしれないが、私生活では薬物とアルコールでリスクをとりすぎた。彼は一九六七年に薬物の過剰摂取で死んだ。三二歳だった。私は彼の死をとても悲しんだ。それは、リスクは賢くとらなければならないという明白な証拠だった。自分の命で大きなリスクをとるのは絶対に賢くない。

ロックバンドのプロモーターという私のキャリアは長く続かなかった。ある週末、私がマネジメントしていたバンドが出演していたクラブで銃撃が三回あったため、最も優れたミュージシャンの一人が辞めていった。それは大きな損失で、音楽ビジネスは私がコントロールできないほどリスクが大きいことに気づいた。そのときに、トレードをするという夢を今こそ追求すべきだと考えた。すでに述べたように、私はトレードのやり方を知らなかったが、今すぐ第一歩を慎重に踏み出す必要があることは分かっていた。

一九六八年に証券会社のエドワーズ・アンド・ハンリーに雇われたときがその第一歩となった。株の注文を受けるただの事務員（私はこれがあまり得意ではなかった）になった私は、上司の車を洗車に出す係だった。しかし、やがてブローカーに昇進した。私は営業が得意だろうと、会社が考えたからだ。それは正しかった。私は株を顧客に買わせるのが得意だった。しかし、少し好きになれないこともあった。その証券会社では、営業は良い学校を出て良い靴をはいている株式仲買人の仕事だった。きつい言い方だが、電話勧誘や売り込みで、将来のリターンを誇張して都合の悪い部分は隠し、ただの数字を訳の分からない言葉で飾り立てるのを私はあまりにも頻繁に見すぎた。

これで、どうして自分には向いていないと分かったのか。顧客と話しているときに、「良い賭け」という言葉を使った初日に、それが分かった。私は顔を真っ赤にして怒る重役をけっして忘れないだろう。

「エドワーズ・アンド・ハンリーは賭けをしない。私たちはカジノを運営しているのではない！」と、彼は言った。

私は演技力を使って、彼の言うことを理解したふりをした。しかし、彼の説明では私の疑いは晴れなかった。それで、家に帰って調べてみた。すると、ブルーチップ（優良株）という言葉はモンテカルロのカジノで最も高価なチップが青というところから来ていることがすぐに分かった。そのため、ブルーチップは、市場で最も高く、最も大型で安全に投資できると思われている銘柄を指す。これで、私がずっと思っていたことが確認できた。株式市場におけるゲームは要するにギャンブルであり、ギャンブルは要するに確率なのだ、と。私の上司が間違っていると分かったので、問題は「勝率を高めて、実際に勝てるようになるにはどうすればいいか」だった。

エドワーズ・アンド・ハンリーでは、株のセールスですぐに四～五万ドルの年収が得られるようになった。しかし、しばしば結果が出ないのをうまくごまかすだけのウォール街の神秘的なやり方をいつまでも続けたくはなかった。実は、顧客や上司も持ちたくなかった。それに、営業もしたくなかった。私はエネルギーのすべてをリサーチに注ぎたかった。不合理な人々のニーズや欲求に影響され、彼らの顔色をうかがいながら物事を決めるのではなく、自分の投資アイデアを身に付けて、それを検証したかった。

私はまもなく、着実に利益を出しているジャック・ボイドという名のトレーダーに出会った。当時、ほとんどの商品は別々の市場で先物の取引がなされていた。砂糖を扱うトレーダーは小麦を扱うトレーダーとは話をしなかった。ボイドは私の知っている人のなかでは、多くの市場でトレードをしている唯一の人だった。そこで、私は仕事をさせてほしいと言い、彼は二万ドルの年収でもかまわないのなら雇おうと言った。私の父は、そんなバカげた話は聞いたことがないと言った。しかし、私は気にしなかった。若いときには、実家に住むかルームメートと暮らすこともできる。行きたいところや行く必要があるところに行くかぎり、それは問題ではない。

確率を見る

私はデュポン・グロア・フォーガン社でジャック・ボイドの下で働き、まったく新しい学習を始めた。彼は特に科学的というわけではなかったが、興味深い手法を使っていた。彼はある銘柄の価格が動くのを見ると、その方向に乗った。それが思惑どおりに動かなかったら、手仕舞った。彼は自分のことをトレンドフォロワーとは呼んでいなかったが、「損切りは早く利は伸ばす」という基本ルールを実践していた。価格が下げ始めると、ためらいなく手仕舞った。何かが上げ始めると、即座に買った。彼は賭けを分散することでリスクを管理した。彼は専門化という伝統的な慣行を破り、多くの商品をトレードした。彼のすべてのトレードを集計すると、年に約二〇％の利益を上げていることが分かった。彼は多くのトレードで負けていたが、損はいずれもほんのわずかだった。そして、勝ったトレードは少なかったが、それらで大きな利益を得ていた。たった一つか二つのトレードだけで、その年の利益の大部分を稼いでいるときもあった。それがひらめきの瞬間だった！

私はボイドがやっていることをはるかに科学的な厳密さでやりたいと思った。私がこの世界で最も信じていることの一つは、科学的方法、つまり、仮説を検証することだ。そこで、私は台所のテーブルでチャートを作った。私は自分のアイデアを検証し、その結果に基づいて特定の商品をいつ買って、いつ売るべきかについて、数学的に証明されたルールを考案したかった。

私は古典数学を知らなかったので、調査に使えるもっと単純なモデルを探した。最終的に、一九六二年に出版されたエドワード・O・ソープの有名な本『ディーラーをやっつけろ！』（パンローリング）を見つけた。数学教授からトレーダーになったソープは、何千通りものブラックジャックの展開を検証して、だれでも確率の基本を使って勝率を上げられるカードカウンティングの手法を考案した。彼はMIT（マサチューセッツ工科大学）で一部屋ほどもある大型コンピューターを使って、それらの展開を一年間試した。

私はコンピューターを動かすことも、データを入力することもできなかった。私は失読症の人にできないことは、できなかった。だが、ソープのカードゲームと確率の研究をするというアイデアに触発された。私はカードゲームをする家庭で育ち、周りにはいつもカードがあった。私の両親は家族や友人を家に呼んでプレーをしていた。コンピューターは使えなくても、カードとカウンティングにはなじみがあった。

当時の私は二〇代後半で、そのときは夏だった。みんなはビーチに出かけていたが、私は何千回もチェスをするプロのようにテーブルに向かっていた。夏の間ずっと、時間があればラスベガスソリティアを一人でやった。これは三枚ごとではなく、すべてのカードをめくるソリティアだ。私は確率を研究していて、特定の状況では負ける可能性があることを発見した。そんなことは簡単に分かりそうなものだと思うのは分かるが、ちょっとがまんしてほしい。三枚ごとではなく、すべてのカードを見ることができるという利点があっても、まだ負ける可能性がある。勝つチャンスをすべて自分に与えても、ルールを曲げても、負ける可能性があるのだ。それは本当に胸に突き刺さった。どんなに正しくやっても、損を避けられないことがあると、私は自ら証明したのだ。それが胸に突き刺さったのは、損をするリスクがあると常に思っているからだ。私はこのことについて懸命に考え始めた。どうすれば避けられない損に備えることができるだろうか。

四種類の賭け

ほとんどの人は、賭けには良い賭けと悪い賭けの二種類があると考えている。

トレードを初めたころの経験やほかの調査から、実際には良い賭け、悪い賭け、勝つ賭け、負ける賭けの四種類があることに気づき始めた。ほとんどの人は、負けたのは悪い賭けをしたからで、勝ったのは良い賭けをしたからだと思う。しかし、それは間違っている。良い賭けや悪い賭けは確率を指している。勝つ賭けや負ける賭けは結果を指している。結果を完全にコントロールすることはできない。しかし、二つのことは確実にコントロールできる。自分がする賭けの確率と自分がとるリスクだ。

まったく互角の二チームが対戦しているとする。友人は彼のチームが勝つほうに一ドル賭けると言う。あなたがその賭けを受けたら、あなたの勝率は五〇％だ。一ドルのリスクに対して、報酬は二ドルだ。これは良い賭けだ。なぜだろうか。自分が賭ける金額に対して一〇〇％の利益を得られる可能性があるからだ。そして、損をしても、一ドルだけだ。一ドルの損なら、おそらく許容できるだろう。では、二〇ドル儲けられる賭けで、一〇ドルをリスクにさらすことができるだろうか。おそらく、できるだろう。しかし、五〇％の勝率で一〇〇万ドルを賭けられるだろうか。ほとんどの人にとって、賭ける金額が大きくなると悪い賭けになり、リスクに見合わなくなる。アマゾンの創業者であるジェフ・ベゾスなら一五〇〇億ドルの資産があるので、一〇〇万ドルのリスクをとっても問題ない。これが賭けと確率についての一般的な考え方だ。

さて、もし私が床に板を置いて、この上を歩いて渡ったら一〇〇万ドルあげると言ったらどうだろう。これは信じられないほど儲かる賭けだ。だが、この板を風の強い日に、マンハッタンの二つのビルの五〇階に渡したらどうだろう。もう言う必要はないだろう。

良い賭けを続ければ、やがて平均の法則があなたの役に立つ。それでも、ときどきは負けるということをけっして忘れてはならない。それが予測をしても当たらない不確実な世界における確率の法則なのだ。このことを前もって理解していれば、自分が損をしても痛くないだけの金額を賭ける心構えができている。

あらかじめ警告しておくが、起こり得る最悪の事態の一つは、悪い賭けで運良く大勝することだ。例えば、あなたが周りを何も見ずに熱心に携帯電話を見ながら通りを横断したとする。それは悪い賭けだ。あなたはハンドルの先がよく見えない老人の車に突っ込まれかねない。ところが、あなたは幸運にも、ぺしゃんこにはならなかった。実は、これは幸運ではない。こういう経験をすると、リスクに鈍感になるからだ。次は何が起きるだろうか。あなたは平然と歩き続けて、バスにはねられるだろう。悪い賭けを続けると、やがて平均の法則が自分の不利に働く。これは学校では学ばなかった確率を、今すぐ使える方法に凝縮したものだ。

これは生活のあらゆる場面で当てはまる単純で強力な考えだ。なぜだろうか。私たちは毎日、自分の時間やお金やエネルギーや愛に関する賭けをするからだ。だれかに時間とエネルギーを注いだときに、幸せで生産的な関係を築ける確率はどれくらいあるだろうか。時間とエネルギーをどれだけ費やせるだろうか。人生のどの段階にいるかによって、この答えは変わる。

この本の「はじめに」のところで、私はあなたにゲームに参加するようにと言った。そして最後の章では、自分自身を知るようにと言っている。それでは、あなたがプレーしたいゲームを見つけてほしい。理想的には、大好きなゲームを選ぶことを勧める。成功できる良い賭けだからだ。なぜだろうか。楽しんでいれば、少し努力しても気にならない。そして、それが大好きなら、それは仕事ではない。私は幸運にも自分のトレード法を見つけた。私にとって、眠っている間にお金を稼げるものを作り出す方法を考えるのはとても楽しかった。それはとても楽しかったので、何の見返りがなくてもできたのだ。

第3章 確率を利用する——使える時間と機会

一九七〇年代半ばに、私はジャック・ボイドの会社から商品先物取引業者のヘンツに移ったが、うまくいかなかった。そのため、私は独立することにした。まず、小規模の資金を募り、数人の投資家から五万〜一〇万ドルを投資してもらった。私はこの資金を何度か投資して、非常に良い成績を上げた。期間としては短いが、これは成功を証明する実績となった。

しかし、次の段階に進むのは難しかった。私は有名ではなかったし、強いコネもなかったので、多額の運用資金を集めるのは大変だった。預かった資金を倍にできることを証明しても、足りなかった。それに、先物という言葉を口にすると、それを聞いた人々は頭のおかしな連中しかそんなものには手を出さないとみなした。さらに、私は商品を幅広くトレードしていたが、それならもっとリスクが高いと思われてしまった。分散しているのだから、実際には株式よりも数学的にリスクが低いと主張してもむだだった。

顧客になってもらうためには何らかの仕掛けが必要だった。ある日、たまたま地元の証券会社で一二ページの小冊子を手に入れた。それに、オプション取引の税務上の取り扱いが説明されていた。その週末、私はファイヤー・アイランドにいた。私は友人たちから離れて、波止場に三時間座って、それを読んで学ぼうとした。理解するまでとても時間がかかった。私が失読症だったせいだけでなく、ある法律の説明を読むと、そのどれもがほかの法律に言及していたからだ。読み終えて分かったのは、私が投資組合を作って、投資家が確定申告の際に通常の収入を長期譲渡所得に変更すれば、大金を節約できるということだった。これは所得税率が最高で七〇％だった時期の話だ。譲渡所得税の税率はそれよりもはるかに低かった。取引内容にもよるが、最大で四倍の控除ができる。つまり、私のファンドに一ドルを投資すると、四ドルの収入を控除できるのだ。また、損失を譲渡損失から通常の損失に変更すればもっと控除ができるが、その方法も分かった。これらすべてがまったく合法だということを分かってほしい。大手の金融機関はいつもそうしていたのだ。

私はこのアイデアを顧問弁護士のサイモン・レビンに伝えた（私たちは、私がかなりやり手の税務弁護士だと冗談を言い合った）。彼はこれを調べて、可能だと認めた。そして、これを実現するための法律業務を行った。彼と仕事をすると、「一＋一」が「三」になった。

私の会社にとって、これが大きな転換点になった。この募集はユニークで、投資家が資金を私に託す大きな動機になった。これはうまくいった。運用資金はすぐに五〇〇〇万ドルになり、それから一〇〇〇万ドルに増えて、ほかの会社が私たちのまねをしようとした。

一九七〇年代前半、ベーコンの原料であるポークベリーの出来高は非常に多かった。この市場は一〇年前に始まったばかりで、食肉加工業者が豚バラを一八トンの巨大な冷凍スラブ（小さな家よりも大きい）にプレスするという素晴らしいアイデアを思いついた。養豚業はいつも不安定だったが、標準化された冷凍ユニットにすることで、食肉加工業者は商品を長期間保管して供給をうまく管理し、供給過剰や供給不足から守れるようになった。若い読者のために言っておくと、「ポークベリー」という言葉はエディ・マーフィーとダン・エイクロイドの映画「大逆転」やアニメなどの大衆文化で、商品市場の仕組みを簡単に表す言葉として有名になった。

ポークベリーのトレードを始めてまもなく、私はあるトレンドに気づいた。秋に買って七月に売れば、儲かった。私が尋ねたどの専門家もその理由を説明できなかった。私は食肉加工に関する本や論文を読み始めた。すると、アメリカ人は網焼き、それにもちろんBLTサンドイッチが大好きなので、夏にベーコンを大量に消費していることが分かった。それが、需要が増える理由だった。しかし、夏になると暑さのせいで、貨車で輸送中に多くの豚が死ぬため、供給が落ちることも分かった。忘れないでほしいが、私は市場を見て、市場がどういう動きをするはずだとは考えない。私は市場の動きを見て、自分が何をすべきかを決める。とにかく、私はすべてを検証して、このアイデアを実行する準備ができた。

問題は、お金がほとんどなかったことだ。そこで、私はOPM（other people's money。他人のお金）という手法を取った。私は人々に投資してほしいと頼んだ。忘れないでほしいが、ほとんどの人は投資の専門知識もそれを身に付ける時間もない。しかし、よく練られた勝率の高いアイデアを持っていれば、最初の投資資金を自分に託すように説得できる。投資であれ起業であれ、多くの人がやり始めるときにはこういう方法を用いる。ある人が最初のレストランの開業資金を出してほしいと一〇〇人に頼むとする。七五人には断られるが、二五人は援助してくれる。数十年後に、その人は全米中にレストランを展開しているだろう。彼に初期投資を頼む度胸がなかったら、そんなことは起きなかっただろう。私が初めて大きなトレードをしたときに使った方法もこれと同じだ。ポークベリーのトレードに投資してほしいと家族や友人に頼んで、約一〇万ドルを集めた。私はまず資金の一〇%を自分で拠出して、彼らには二〇%の成功報酬を請求した。つまり、自分では資金の一〇%しか使わずに、投資資金が倍になれば三〇%の利益を得られそうだった。私の計画はうまくいった。私は資金を二倍以上にして、一〇万ドルを二五万ドルまで増やした。私は間違いを受け入れることができたので、こうしたトレードはとても簡単にできた。また、このトレードのスピードもとても気に入った。ベンツのエンジンをフォードに積んで、レースに出るようなものだった。

だが、驚いたことに、私はそれほどの大金を稼いでもあまり幸せだとは感じなかった。それどころか、とても怖かった。私の人生は障害のせいで、それまでずっと制限されていた。ところが、あらゆる予想を裏切って、私は大きな利益を得た。もう、成功していないことを言い訳にはできない。しかし、それこそが私にとっては問題となった。私は今や、自分自身からも他人からも期待が高まっていると感じていた。当時、私が付き合っていた女性でさえ圧力をかけ始め、もう結婚できるお金はあるでしょうと言った（私は結婚はしたくなかった）。私はまだ成功を受け入れる用意ができていなかった。私は最大限の自由を持つのが恐ろしかったのだと思う。何でもできるという状況はとても落ち着かないことがある。自分が間違っても、だれのせいにもできない。自分で選択をして、それが気に入らないときはどうすればよいのだろう。今や、自分の幸せは自分で作り出すしかない。お金を稼ぐのはそれほど難しくないが、幸せとなると、まったく別の話だ。私はその用意ができていなかった。

当然、私はすぐに勝ち取った利益をすべて失った。次に、トウモロコシをトレードしていた同僚が大きなトレードを計画して、私を参加させようとした。この機会は見逃せない、と彼は言った。彼はトウモロコシに詳しくて、すべてを把握していそうだった。それで、私は彼の判断を信頼し、あとを追ってトレードをした。しかし、彼の判断は間違っていて、私は自分の総資金よりもはるかに多くのリスクをとっていた。

実は、この賭けは理論的には良い賭けだった。ところが、広範囲にわたる降雨のせいで、かつてないほどの大豊作となり、トウモロコシの現物価格は記録的に下落した。それが干ばつだったら、作物の大部分がやられていただろう。

私はトウモロコシの先物が急落し始めたのを、恐怖で見ていた。私の資金が刻一刻と目の前で消えていた。私は、自分の資金よりも多額の借金をして、大きな賭けをしていた。損失が大きすぎれば、二度と取り返せないと分かっていた。

私は必死だったので、オフィスから出て階段の吹き抜けのところに行った。私はユダヤ人で、ユダヤ人はひざまずかないのだが、そのときはひざまずいて祈った。「神様、私に借金を負わせないでください。利益なんていりません。損益ゼロで手仕舞わせてください」と、お願いをした。そのとき、スイスから来ていた大勢の人たちが階段を降りてきて、流行遅れのスーツを着た若者がひざまずいて祈っているのを見て驚いた。私はこっけいに見えたに違いない。

「何か助けが必要ですか」と、一人が尋ねた。

私はよろめきながら立ち上がった。「いえ、結構です」。それから、私はオフィスに戻って運命を受け止めることにした。

トウモロコシの価格は十分に回復して、最終的には損益ゼロまで戻った。どうして、そうなったのかは分からない。神様のおかげかもしれないし、運が良かっただけかもしれない。いずれにしろ、そのトレードは大きな学習経験となった。一つには、私は自分で何も調べずに、トウモロコシを扱う男の情報を信じた。しかし、もっと重要なことは、リスクに関する大きな教訓だった。私は許容できる損をはるかに超えて賭けていたことに気づいた。私は最悪のシナリオを想定するのではなく、多くの人と同様に、どれくらい儲かりそうかだけを考えて賭けをした。私は二度とそんなことはしないと誓った。忘れないでほしいが、教訓その一はゲームに参加することだ。宝くじを買わなければ、当たらない。ただし、教訓その二も同様に重要だ。チップをすべて失えば、賭けはもうできないのだ。

復習

- 教訓その一　ゲームに参加すること。
- 教訓その二　チップをすべて失わないこと。そうなれば、賭けることができなくなるからだ。

愚か者はすぐに飛びつく

トウモロコシで大失敗をしたあとは、二度とひざまずきたくなかった。苦い経験をして、リスクに気を付けなければならないと学んだ。つまり、祈りではなく、計算が必要ということだ。トレードで成功するかどうかは明らかに確率にかかっているからだ。私は確率を計算したあと、それらをさまざまな投資戦略で検証して、市場に勝てるものを見つけたかった。私の目標は確率に基づくモデルを構築することだった。

私はもっと勝率を高める方法を探していた。やがて、私はゲーム理論という新分野に興味を持った。それは簡単に言えば、戦略的な意思決定の研究だ。ゲーム理論は数学的モデルを使い、決められたルールの下で動くプレーヤー間のやり取りを予測する。この理論では、すべてのプレーヤーが合理的で、自分の利益のために行動すると仮定している。ゲーム理論は将軍たちが戦闘を計画した古代から、何らかの形で存在していたと言える。だが、この理論が定式化されたのは数学者のジョン・フォン・ノイマンと経済学者のオスカー・モルゲンシュテルンが共同で、『ゲームの理論と経済行動』（筑摩書房）を発表した一九四四年のことだ。そのとき以来、学者や実業家はゲーム理論を、哲学から心理学、政治学、自動車保険、結婚、進化論、軍拡競争、そしてもちろんポーカーに至るまで、あらゆる分野に当てはめてきた。

一九七〇年代の初めに、私はニューヨーク大学科学図書館に行き、その理論についてできるだけ多くの本を読んだ。私の目標は自分の評判と信頼性を高める論文を発表することだった。私が見つけた本のほとんどは高等数学だらけで、私には象形文字も同然だった。私は内容を要約した序文に頼らざるを得なかった。それでも、私は自分の主張すべきことが分かった。それは良い判断を下すためには、自分が今どこにいて、何を選択しているかを知る必要があるということだった。私は数学者ではなかったので、自分のアイデアが正しいかどうか確認できる人を見つける必要があった。実際、私は仕事ではいつも、私のアイデアを実行できるクオンツ（数理分析専門家）とコンピューターの専門家が必要だった。当時はお金がなかったので、お金を払う代わりに業績を共有するか、株式を渡した。

一九七二年に、タフツ大学を卒業したばかりの若いクオンツであるスティーブに出会った。彼と私は、コモディティ・ジャーナル誌に『ゲーム・セオリー・アプリケーションズ（Game Theory Applications）』という記事を共同で発表した。それは結構大騒ぎになった。ゲーム理論を先物取引にどのように適用できるかについて、だれも証明を書いていなかったが、それを私たちが行ったからだ。

私たちはアルバート・アインシュタインの引用から始めた。彼によると、特殊相対性理論は推測ではなく、「物理の理論を観測可能な事実に合わせたい」という願望に基づいている。ここでのキーワードは「観測可能な事実」だった。私たちはこの方法で確率を決めたかったのだ。論文では次のように説明した。

単一または一連の観測可能な事実と、その後に起きるイベントを観察する。次に、それらの観測可能な事実が発生した回数と、それらの事実のあとにイベントが起きた回数を数えて割り算をする。そこから確率が計算できる。

つまり、ある条件の下で市場が特定の動きをすると考える場合、それを一〇〇〇回検証して確率を調べる。

次に、ゲームには常に一定のルールがあると考えた。それらのルールによって、あるとき、ある人に利益をもたらす唯一の選択肢が決まる。例えば、カードをいったん捨てると、前に戻ってそれらがどのカードだったかを確認することはできない。それがルールだ。カードを見たら、順番に覚えておく必要がある。もう一つの例は、カードを引く順番は人によって最初、二番目、最後などと決まっている。各順番にはそれぞれに有利な点と不利な点がある。プロのアスリートについて人々が理解していないことの一つは、彼らがルールをいかに熟知していて、それらを使って競技で優位に立とうとしているかだ。そして、私たちはプロのアスリートのように考えていた。

次に、取ることが可能な行動は決まっていた。ゲーム理論によれば、コール（賭ける）、レイズ（賭け金を引き上げる）、フォールド（降りる）という三つの選択肢がある。選択肢を監視している場合、選択肢のそれぞれで勝つ可能性はどれくらいあるだろうか。

論文のポイントは次のとおりだ。①観察可能な事実、②ゲームのルール、③三つの選択肢（コール、レイズ、フォールド）を考慮に入れると、賭けるかどうかと、いつ賭けるかを大きな不利益なしに選ぶ機会がある。したがって、時間は自分の強力なツールだ。

いつ動くべきか。例えば、ブラックジャックをしていて、手持ちカードの合計が一七だとする。勝つためには四が必要だが、四はすでに二枚、場に出た。では、残り二枚の四のうちの一枚が手に入る可能性はどのくらいあるだろうか。かなり低い。例えば二〇分の一の可能性があるとしよう。それは、出る可能性はあるが、良い賭けではないという意味だ。賭けるべきではない。勝てる確率が高くなるまで待つべきだ。次の賭けのタイミングをコントロールしているのはあなただ、と私が言うのはこういう意味だ。トレードをしているとき、これがあなたの有利な点となる。

カジノでポーカーをするときには、何が起きるかを確かめる前にお金を出す必要がある。しかし、商品先物をトレードするときに、その必要はない。何が起きるかを確かめるために市場でトレードする必要はまったくないからだ。あなたは確率が最も高くなるまで待ってから、仕掛けるタイミングを選ぶことができる。株式か商品はこの六カ月間上昇していただろうか。特定の商品の三〇日平均は、あなたが追うべき上昇トレンドだと示す水準に達しただろうか。そうでなければ、待つ。そして、その水準を超えた場合にのみ買って、トレンドに乗る。

賭ける必要があると考えて決断を下そうとしているとき、次からは一度立ち止まって、観察可能な事実は何かと自分に問うべきだ！

自分にどれくらいの時間があるかを理解すれば、それは人生において素晴らしいスキルになる。私はこの人と結婚すべきだろうか。この家を買おうか。この仕事を引き受けようか。引退すべきか。これらはすべて、重要な賭けだ。時間に余裕があれば、大いに有利だ。あなたは成功する確率が最も高くなる状況とタイミングを計って、賭けることができる。

大勝利を狙って賭ける

ここまでの説明で、負けを受け入れられる余地を残してリスクに気を付けることが基本ルールだ、ということが明らかになったと思う。しかし、まだ重要なことがある。大きなリスクをとらずに大きな利益が得られる（これを非対称と言う）賭けにいつも目を光らせておく必要がある。忘れないでほしいが、いつも勝っていても、利益がわずかならば、実は勝っているとは言えない。

その理由はこうだ。常に小さな利益を目指してトレードをするのは安全ではない。わずかな利益しか得られなければ、小さな損失を何度も出したときに埋め合わせることができない。私は大きな利益を狙う。ゲームが実際にどういうものかをまだ知らない平均的な人は、いつでも小さな利益を着実に取りに行く。それが安全な賭けに見えるからだ。問題は、これが見た目ほど安全ではないという点だ。お金をあまり持っていなければ、まずいトレードであれ、突然の健康問題などであれ、避けがたい損失から身を守れないからだ。ガンになったとき、確実に治療できる薬が二五万ドルだとしたら、どうするだろう。それだけのお金を持っていない場合、安全第一には動けないだろう。

大金を稼ぐには、必ず大きな利益を得られそうなものに賭ける必要がある。これを定期的に行っていれば、やがて有利な確率になり、そのうちに大勝できる。だからこそ、常に目を光らせて、特大の機会に賭けるべきなのだ。こうした機会は毎日あるわけではないが、機会に出合ったときは賭ける必要がある。これが、私が「機会の新たな地平」と呼んでいるもので、すぐに人生が一変するほどの大勝をする機会があるときを指す。

一九七〇年代半ばに、私はコーヒー市場でそうした大きな機会を見つけた。当時、コーヒーの価格は非常に安かった。供給過剰で、農民たちは絶望していた。五〇年間の気象パターンと需給データを調べると、コーヒーの消費量は長い間上昇していたが、価格はまだ消費量の増加に反応していなかった。私は、価格はきっと上昇すると確信した。そこで、コーヒー先物のコールオプションを買って、価格の上昇に賭けた。私はリターンの大きさではなく、世界で最も愛されている飲み物の価値が回復する可能性に焦点を当てたのだ。

確率は非常に高かったので、一年間に一〇〇万ドル賭けることにした。私はこのために、一度に二五万ドル分のオプションを買った。これはトレードで二カ月ごとに稼いでいた額に相当する。当時の私にとって、これは大きな賭けだった。私はこの大金を失う覚悟があるかどうか自問した。答えは「ある」だった。トレードがうまくいかない場合、損を受け入れる用意はできていたが、一方向に向かうトレンドについて徹底的なリサーチをした。それで、確率からすれば、私の賭けで大きな利益が得られると分かった。

賭けには良い賭けと悪い賭けの二種類がある。良い賭けとは、リスクをとる額よりも多くの利益を得る可能性が高い賭けと定義できる。悪い賭けとは、小さいか限られた利益のために大きなリスクをとる賭けだ。投機家は良い賭けをすべきだ。

当時（一九七五年前半）、コーヒーは六〇セントで取引されていた。一年後に、価格は一ドルまで上昇した。その一年後には二ドルまで上昇した。私の親友たちが電話をしてきて、「いいかい、ラリー、君はもう十分儲けた。もう六〇〇万ドルになっているんだ。現金化すべきだよ」と言った。しかし、私は、「いや、まだ上昇トレンドは続いている」と言った。三二歳のあるプロップトレーダーがコンピューターでこれを見ていて、ストレスに対処できなかった。しかし、私は六〇セントから三・一〇ドルまでトレンドに乗った。私が最初に投資した五〇万ドルは一五〇〇万ドルになった。トレンドが反転して下げたとき、一二〇〇万ドルで手仕舞った。感情的には、これは重大な瞬間だった。私は三五歳で、一二〇〇万ドルを手にした。そのときまで、家族のだれもこれほどの大金を持ったことはなかった。これは私にとって人生が一変する、画期的な出来事だった。

それでも、私のなかから「これはあまりにも良すぎる」という声がした。私は感情面で、大勝する用意ができていなかった。成功しても満足できず、いくら稼いでも足りないと思う人もいる。しかし、私は大金を得たとき、その大きさに押しつぶされそうになった。私は二度とこんなことはできないと思った。一年で五〇万ドルを一二〇〇万ドルになんて。こんなことが再び起きる確率はどれくらいあるだろう。どうして成功したのか考える代わりに、私は「ああ、なんて運が良かったんだ」と思った。これには真実味がある。落ち着いて考えると、私は運が良かった。自国の恐怖から逃げてきた難民たちと話をすると、運が果たす役割が大きいことをはっきりと理解できる。シリアで生まれて家が爆撃で破壊されたら、夢を抱くのは難しい。私は最近カンボジアを訪問し、ポル・ポトが三〇〇万人を虐殺した現場を見た。ここを訪れると、アメリカの下位の中産階級の家庭に生まれたというだけで、すでに驚くべき逆境に打ち勝っていることが分かる。そもそも、このコーヒーのトレードで運良く大儲けしたおかげで、大邸宅で暮らせるまで飛躍したことを考えると、私は望みどおり幸運に恵まれていると思った。そこで、私は数年間は少しおとなしくしていた。家族のために素敵な家を買った。私はごく普通のトレードをした。結果はとても満足できるもので、それで生活ができた。

振り返ると、コーヒーは私の子供や孫たちに知ってほしいことを教えてくれた。大きなゲームで知的にプレーをすれば、大金を稼げる。大金を稼げるゲームに参加しているのなら、それを受け入れなければならない。

私は五〇〇万ドルを失う覚悟があったので、それを賭ける用意ができていた。そして、五〇〇万ドルを賭けて三～四〇〇〇万ドルを稼げるアイデアが浮かんでいたが、それ以上の大金を稼げた。私がこれを心の底から受け入れられるようになるには少し時間がかかった。だが、人生では思った以上のものを手にすることがときどきある。

デートを勝ち取る

確率やゲームのやり方について説くデート指南書が出回るずっと前に、私は投資戦略をデートに当てはめることにした。投資と同じで、ゲームに参加しなければ成功もない。デートでは通常、まず外見で判断される。私にとってはそれが問題だった。私はイケメンではなかった。それは歴然たる事実だったので、素敵な女性をデートに誘うのにパーティーやバーといった社交的な場はふさわしくなかった。そこで、まずはデートにこぎつける確率を高めるために、別の方法でゲームをするアイデアを思いついた。まず、何をしたか。私はショッピングセンターに行った。そこは男性よりも女性のほうが圧倒的に多いからだ。次に、ちょっと退屈そうにしているか、昼休み中に見える魅力的な女性に目を光らせた。そして、そういう女性に近づいて、コーヒーを飲みませんか、と誘った。公共の場所は安全だったので、これはバカげた申し出ではなかった。約四人に一人が応じた。

そして、一緒にコーヒーを飲んだ。私は必ず彼女たちの話に興味を示して、自分の話はしなかった、これも成功の確率を高めた。仲良くなれたら、夕食に誘う。三人に一人が夕食の誘いに応じた。それがうまくいけば、私たちは付き合い始めた。この方法で、私は何度もコーヒーを飲み、たくさんの素晴らしい女性とデートをした。もしも自分の気に入った人と付き合うのに苦労しているか、そもそもデートさえできない場合、私がしたように確率を高めれば必ずうまくいく。

もっとも、のちに妻になるシビルに出会ったのはショッピングセンターではなかった。

友人たちと共同生活をしていたある夏に、ファイヤーアイランドで彼女に会ったのだ。彼女はルームメートの知り合いの一人で、彼女と初めて会ったとき、結局は朝まで話をした。最初のデートで、私たちは笑いながら一晩を過ごした。彼女は私を面白い男だと思った。彼女は笑うのが好きだった。二人の関係は深まっていった。私たちは子供が欲しかったので結婚をして、素敵な娘を二人授かった。シビルは社会主義者の家庭で育った、とてもきちんとしたイギリス女性だった。彼女と彼女の母親はソーシャルワーカーだった。彼女と私は考え方がまったく異なっていた。私は彼女によく言ったものだ。私たちはソーシャルワークの仕事を両極端で行っている。「私はお金持ちという非常にまれな人々のために働き、あなたはもっと多い貧しい人々のために働いている」と。私たちはお互いに異なる世界観を伝え合い、二〇〇八年に彼女が亡くなるまでの三二年間、とても良い結婚生活を送った。次章では、私のトレードに対する取り組み方が愛や結婚でどう役立つのかについて詳しく説明する。ここでは、私はシビルに賭けて最高だったと言っておけば十分だろう。

＊　＊　＊　＊　＊　＊　＊　＊

私の手法の元になった基本的な洞察に価値を見いだしてもらえたらうれしい。この手法はトレンドに従うことで成り立っている。これは私の性格に合っている。私は自分にストレスをかけたくない。私にとってトレンドフォローは単純で、うまくいく。そして、これのおかげで大金を稼ぐことができた。

この手法は私の強みとも一致しており、じきに有益なシステムに応用するのは簡単だった。結果として、私は自分に合った新しい手法に基づいて、独自のバイアス（偏り）を考え出した。私が自分の経験に基づいて、非常に多くの例を使っているのはこのためだ。私は自分の人生で起きたことを知っているので、これらはすべて検証可能だ。

負け組が勝つための手引き

私は競馬で「はずさない」ということになっている男と一度、競馬場に行ったことがある。彼の父はサラトガの大物で、退屈しないように私も賭けを始めた。私はリストを見て、すべての馬に小さく賭けた。それはオッズが最も低いので、配当が最も良かった。私は個々の馬のことは気にしなかった（どの馬のことも何も知らなかった）。私はそれぞれの賭けの結果には関心がなかった。結局、私は文字どおり、かなりのお金を手にした。馬や競馬場や調子について私よりも一〇〇倍も知っていた友人が手にしたよりもはるかに多くのお金だった。そのとき、私に知識がほぼなかったことが有利に働いた。私の競馬の経験を、負け組が勝つための手引きと考えてほしい。私は幅広く賭けて、ひとつひとつの賭けを小さくしたので、すべて負けても大損することはなかった。私は生き残るための賭けをしたのだ。

しかし、成功を経験したとき、私はときどき、なぜそうなったのか考えることがあった。何年もたって、ミント・ギャランティード・リミテッド・ファンドを立ち上げて何百万ドルも稼いだあと、私はイギリスの同僚たちとテーブルに座っていた。彼らはだいたいケンブリッジやオックスフォードと同等レベルの大学出身者たちだった。私はテーブルを回って一人一人に、「あなたは父親よりどれくらい賢いですか」と尋ねた。彼らは父親ほど賢くないか、それほど変わらないと言った。「では、なぜ私たちは父親たちよりも一〇倍多くのお金を稼いだのでしょうか」。私は彼らに、「父親からもらった遺伝子を超えて成功したのは、優れた才能のおかげではなく、最小限のリスクで利益が巨大なところで適切な賭けをしたからです」と言った。それはテクニックの問題だった。重要なのはルールだった。だからこそ、賭けを正しく行えば、一生のうちに莫大な利益を得ることが可能なのだ。

優先順位を決めて、それらを達成するために賭けをするか、人生を成り行き任せにするかはあなた次第だ。確率を高めるために、手持ちのツールをすべて使う必要がある。タイミングはエッジ（優位性）だ。それを使って、戦略的に賭けをしよう。また、いくら賭けるかは非常に大きな意味を持つ。重大な行動をする前に、「これでどれだけ儲けられそうか」と自問しよう。賭ける価値があるほどの利益でなければ、意味がないからだ。そして、最後に、「どれだけの損を受け入れられるか」と自問しよう。小銭を稼ぐために大金を賭けるべきではないからだ。

第4章

トレンドフォロー——損は切って、利は伸ばす

イギリス生まれのデビッド・リカード（一七七二～一八二三年）は私にとって英雄の一人であり、私だけでなく世界にも大きな影響を与えた素晴らしい古典派経済学者だ。彼の話を少しさせてほしい。その理由はじきに分かる。

彼はポルトガルのカトリック教会から追放され、オランダに定住した著名なユダヤ人家族の子孫だった。オランダ生まれの彼の父親であるアブラハムは、家族を連れてロンドンに移住した（後にリカードが生まれる）。そして、ロンドン取引所で株式仲買人になって大成功し、ロンドンのユダヤ人コミュニティーのリーダーになった。リカードは一〇代のころに父親について取引を学び始めた。だが、彼は自分の考えを持った思想家であり、常に父親の伝統的なやり方を支持したわけではなかった。二一歳のときにクエーカー教徒の

プリシラ・アン・ウィルキンソンと駆け落ちした。この若いカップルはユニテリアン派の信者になった。彼は家族と関係を断ち、ほとんど資金もなく独立した。彼は評判が良かったので、著名な銀行家の支援を受けて、株式関係の事業を始めることができた。彼は市場の仕事で生計を立てて成功した。しかし、彼の情熱は思想の世界にあった。彼は経済学と数学を研究して、三〇代後半には自由貿易（彼はこれを固く信じていた）、賃金、通貨、労働理論、政治経済学、収穫逓減の法則について自分の見解を発表し始めた。彼はジョン・スチュアート・ミル、アダム・スミス、ロバート・マルサスとともに現代経済理論の基礎を築き、その後の世代に影響を与えた。

彼の存命中の評判は主に一つの賭けにかかっていた。彼の生涯の取引や投機はその賭けまでの予行演習にすぎなかった。一八一五年、彼はナポレオン戦争の結果に賭けて、イギリスの国債を底値で買った（伝説では、彼は高度な知識に基づいてそうしたとされているが、はっきりとは分からない）。ウェリントン公がウオータールーでナポレオンを破ったという知らせがベルギーから届いたとき、イギリスの証券は急騰して、リカードは一〇〇万ポンドを稼ぎ、ほぼ一晩でヨーロッパで最も裕福な一人になった。今日の価値でそれはおよそ八〇〇〇万ポンドに相当する。

リカードの死後、ジェームズ・グラントというイギリスの新聞記者はリカードの成功の秘密を次のように説明した。

リカード氏は彼の個人的な友人たちにもしっかりと守るように言った三つの黄金律に細心の注意を払って、多大な富を築いた。それは「①オプションが使える場合はそれをけっして拒まない。②損切りは早く。③利は伸ばす」というものだった。

損切りは早くとは、株を買ったあと、株価が下げていたら、すぐに売る必要があるという意味だった。

そして、利は伸ばすとは、持ち株の株価が上げていたら、最高値を付けて反落し始めるまで売るべきではないという意味だった。

では、トレードと人生に対する私の手法の三要素を言おう。①ゲームに参加すること。②チップをすべて失えば、もう賭けられないということ。③確率を知って、それを改善すること。

しかし、四番目が最も重要だ。それはこの本の書名に採用した、リカードのルールを守ることだ。損は切って、利は伸ばす。これを簡単に言えばこうなる。④うまくいかないときはやめて、うまくいっているときは続ける。このルールがトレードにおける私のトレンドフォロー手法の中核だ。私はほぼ毎日、これを読み上げる。カントリーミュージックを好む人なら、伝説的な歌「ギャンブラー」の歌詞、「いつ持ち続け、いつ降りるか知っていなければ……」を読み上げてもよい。

やり方は次のとおりだ。上昇トレンドを見つけるために、現在の価格と過去の価格を比べる。例えば、商品か株の価格が過去四〇日か五〇日間上げていたら、多くの人も上げていると思うので、買ってトレンドに乗ることができる。いつ売るべきか。私はどれだけの損なら受け入れられるかを自問するだけだ。例えば、答えが二％なら、価格が二％下げたらすぐにポートフォリオからはずす。これが、私がリスクをとる気がある限度だ。言い換えると、損切りは早く、利は伸ばすということだ。これでお金が稼げる。

統計のルール

はっきりさせておきたい。トレンドフォローを発明したのは私ではない。リカードの前にも後にもトレンドフォロワーがいた。例えば、リチャード・ドンチャンは現代トレンドフォローの父と呼ばれることがある。彼はイェール大学とＭＩＴ（マサチューセッツ工科大学）を卒業したトレーダーで、商品の価格がトレンドに沿って動くことが多いことに気づいた。一九六〇年代に、コモディティ・トレンド・タイムという週刊ニュースレターを出し始めて、「四週ルール」という戦略を公表した。彼は価格が四週間高値に達したときに買い、四週間安値に達したときに売った。

だから、私たち以前にトレンドフォローという手法がなかったわけではない。それはあった。しかし、私のパートナーと私は過去データで検証した、データに基づくシステマティックな手法を考案し、最初に自動化を行った一社だった。言い換えると、私たちはそれがうまくいくことを科学的方法によって証明した。また、タイミングも非常に良かった。一九七〇年代にますます強力になっていたコンピューターを実際に利用できたおかげで、体系的な研究が可能になった。実際、私の知るトレーダーであるエド・スィコータは、コンピューターでトレンドフォローを行う手法を考案した先駆者の一人で、最初はパンチカードを使っていた。

しかし、私はいつもこう言う。私を突き動かしたのは強欲というよりは、怠惰だった。

私はお金のために働きたかったのではなく、お金が私のために働いてくれることを望んでいた。私の目標は、自分が相場の上げ下げに苦しまなくて済むように、自動化できるシステムを作ることだった。これによって、夜はぐっすり眠れただけでなく、寝ている間にお金を稼ぐことができた。私がこうしたのは、傲慢だったからではない。まったく逆だ。私は子供のときや若いときに、多くのことで失敗したので、自分はよく間違えるし限界があるといつも思っていた。この間違える可能性を回避するために、多数のデータで実証され、厳密に検証された統計的手法が必要だった。『マーケットの魔術師』（パンローリング）で私にインタビューをしたジャック・シュワッガーに、私は次のように説明した。

この仕事の素晴らしいところは、明日に何が起きるか分からなくても、長期的には何が起きるか明らかにできることです。

保険の仕事に例えるとよく分かります。一人の六〇歳の人が一年後に生きている確率はまったく分かりません。ですが、一〇万人の六〇歳の人のうち、一年後に何人が生きているかなら、かなり的確に推定できます。私たちは同じことをするのです。つまり、大数の法則が働くようにするのです。ある意味、私たちはトレードをする保険数理士なのです。

トレンドフォローは商品市場や先物市場でしか使えない戦略ではない。株式市場でも使える。最近、マイクロソフトの株を大量に買っている私の友人は、トレンドフォローの手法で買っているという。私たちはマイクロソフトが現在、クラウドサーバー市場のリーダーであり、年五〇%以上の成長をしていることを話し合った。直近の会計年度では一〇〇%の成長をしていた。二〇一九年二月下旬にこのページの最終確認をした時点で、この会社の株は五二週高値の一一六ドル近くで取引されている。一方、S&P五〇〇は二〇一八年に六・二%下げた。

これは確かに非常に強いトレンドで、この優れたパフォーマンスについては多くの説明が可能だ。少し例を挙げよう。マイクロソフトは現在、急成長中の企業向けクラウドサービスのリーダーとして積極的な投資を行った。数年前から行動力のあるCEO（最高経営責任者）が指揮を執っている。また、この会社には今でも提携企業へのライセンス供与という有利なビジネスモデルがある。これらの要因は確かに影響力があり、興味深い。しかし、会社のファンダメンタルズはトレンドフォロワーである私が投資をする動機にはならない。トレンドフォロワーがマイクロソフトの株を買うのは、株価が上昇していて、トレンドが形成されるのに十分なほど長く上昇しているからだ。トレンドフォロワーはトレンドがどれくらい続くかを予測しようとはしない。トレンドが反転したら、手仕舞う。つまり、私がお金を儲けたのは何かを知っているからではない。相場の指示するとおりに動いたからだ。私は平均を好む。つまり、ブックメーカーのようにリスクを大きく分散して、一つのトレードの結果であまり一喜一憂しないようにしている。私は退屈なほど落ち着いた仕事場を好む（モニターを見て叫ぶなど、絶対に嫌だった）。

トレードの世界では、さまざまなソフトウエアを使って、絶え間なく流れてくる大量の市場データを分析し、日単位や時間単位で頻繁にトレードを行い、市場の小さな変動で利益を得るか損失のヘッジをする人たちもいる。これらの手法は大手投資銀行と大勢のスタッフに支えられていればうまくいくものもある。しかし、ほとんどのトレーダーはチャートや絶えず流れてくるデータに忙殺されて、大局的な機会を見つめ直すことなどないだろう。私はマイクロソフトのクラウド事業が活況を呈していることを知るために、大量のチャートやファンダメンタルズのデータを必要としなかった。トレンドが私に教えてくれるからだ。それはあなたにも教えてくれる。

私はグローバル市場を理解し、人間行動や市場力学の統一理論を作ろうとしてきた経済学者や歴史家の純粋な知性や献身に敬意を表する。しかし、そうした理論は、資金がリスクにさらされている現実世界ではモノの役に立たないだろう。

自分には相場を予測する驚くべき力があると信じ始めると、トレードをするたびに窮地に陥る。自分のことを繰り返すと、私はトレードで自分が間違えるという前提で常に動いていた。このことはあなた自身のお金についても必ず実践すべきことだ。「この状況で最悪のことが起きるとすれば、それは何だろう」と問い続けよう。そうすれば、最悪のシナリオが自分の基準になる。何をリスクにさらしているのか、どれだけ損をする余裕があるかを知りたいといつも思うようになる。

興味深いことに、トレンドフォロワーは危機の時期にうまくいく傾向がある。なぜだろうか。暴落は全市場で急激にトレンドを生み出すからだ。私の友人のマイケル・コベルは著書の『トレンドフォロー大全』（パンローリング）で次のように述べている。

全市場が同時に動くためには、市場を動かす経済状況についての共通認識やコンセンサスが必要になる。そうしたコンセンサスが形成されているときに、一九九八年八月のロシアの債務不履行、二〇〇一年九月一一日の同時多発テロ、二〇〇二年の企業会計スキャンダル（および、二〇〇八年の株式市場の暴落）などのような大きなイベントが起きると、既存のトレンドを加速させることがよくある……。イベントは真空状態で起きるわけではない。これが、トレンドフォローがイベントが作り出す動きの反対側にいてとんでもないことに巻き込まれない理由だ。

私は自分のルールをシステム化した最新の自動取引の助けを借りて、素早く動くので、相場が五〇％も下げて耐えきれないほどの損失を被るまで待つことはない。私は手仕舞って資金を守り、次の上昇相場が訪れるのを期待する。次の機会は必ず訪れるからだ。

だが、バイ・アンド・ホールドはどうだろう？

私の説明は、自分のポートフォリオ管理をパッシブ運用で行い、株を買って持ち続けるようにと言うウォール街の伝統的なアドバイスとはまったく異なる。この考え方では、株価が下げても何もすべきではない。市場の変動に注意を払うのではなく、待つという考えだ。株式市場は長期的にはいつも上昇するので、必ず成功すると考えるからだ。

このバイ・アンド・ホールドの手法は、だれもが同じ情報を得ることができるため、価格が適切な価値に応じて動くので、市場は合理的だという効率的市場仮説に基づいている。簡単に言えば、市場には絶対に勝てないということだ。そのため、普通の人間はＳ＆Ｐ五〇〇の平均よりもパフォーマンスが良い銘柄を選ぶことはできない。

私は安値で買って高値で売ったこともあるが、この手法が成功したのは幸運だとはっきりと信じている。なぜだろうか。不動産、株式、あるいはどんな市場や人生における試みであれ、やがて上昇するし、それがいつかも確実に分かる、とはだれも断言できないからだ。確かに、バイ・アンド・ホールド戦略でもうまくいくかもしれない。だが、好況と不況や長期にわたる大きな損失――多くの人が耐えられないような損失――に耐える必要が出てくるかもしれない。例えば、Ｓ＆Ｐ五〇〇に連動する投資信託のパフォーマンスを見ると、一九五〇年代前半に買って一九七〇年代に売った場合、相場が急上昇したので、この戦略は明らかに大成功しただろう。しかし、一九八二年四月まで売りたくなかったか、売る必要がなかった場合はどうだっただろうか。この指数は再び急落したので、悲嘆に暮れていただろう。

未来はだれも予測できないことをけっして忘れないでほしい。歴史を振り返ると、成功していた企業が時間や変化の重みに耐えきれなかった例がいくつもある。私はエンロンが未来志向の会社だったときを覚えている。エンロンはどこで終わったのだろう。だれが何と言おうと、何年もあとの経済や市場で何が起きるかを彼らが知っていると信じてはならない。それに賭けるのは危険だ。私たちは一〇年以内にある産業が成長して衰退するという、ハイテク企業が次々と生まれる急成長の時代に生きている。手で植字をする職業は何百年も前からあり、代々受け継がれてきた。その後、コンピューターが出現して、この職業はわずか数年でデジタル組み版に一掃された。

もう一つ、分かりやすい例を紹介しよう。ウーバーは二〇〇九年に設立されたばかりで、現在は時価総額が約六〇〇億ドルに達している。ウーバーやリフトやグラブは世界中のタクシーとリムジン業界に大打撃を与えた。二〇〇九年以前は、ウーバーの株主は社員を除いてだれも、タクシーが馬や馬車のように時代遅れになるとは考えもしなかっただろう。

電話を考えてみよう。長女がティーンエージャーだったとき、私は彼女がだれと出かけるか知っていた。電話が鳴ると私か妻が出て、相手の名前を尋ねていたからだ。そして、当時は壁に掛けていた電話口に彼女を呼んだ。三年後になると、下の娘がだれと付き合っ

図4.1　バイ・アンド・ホールドと比較したトレンドフォロー

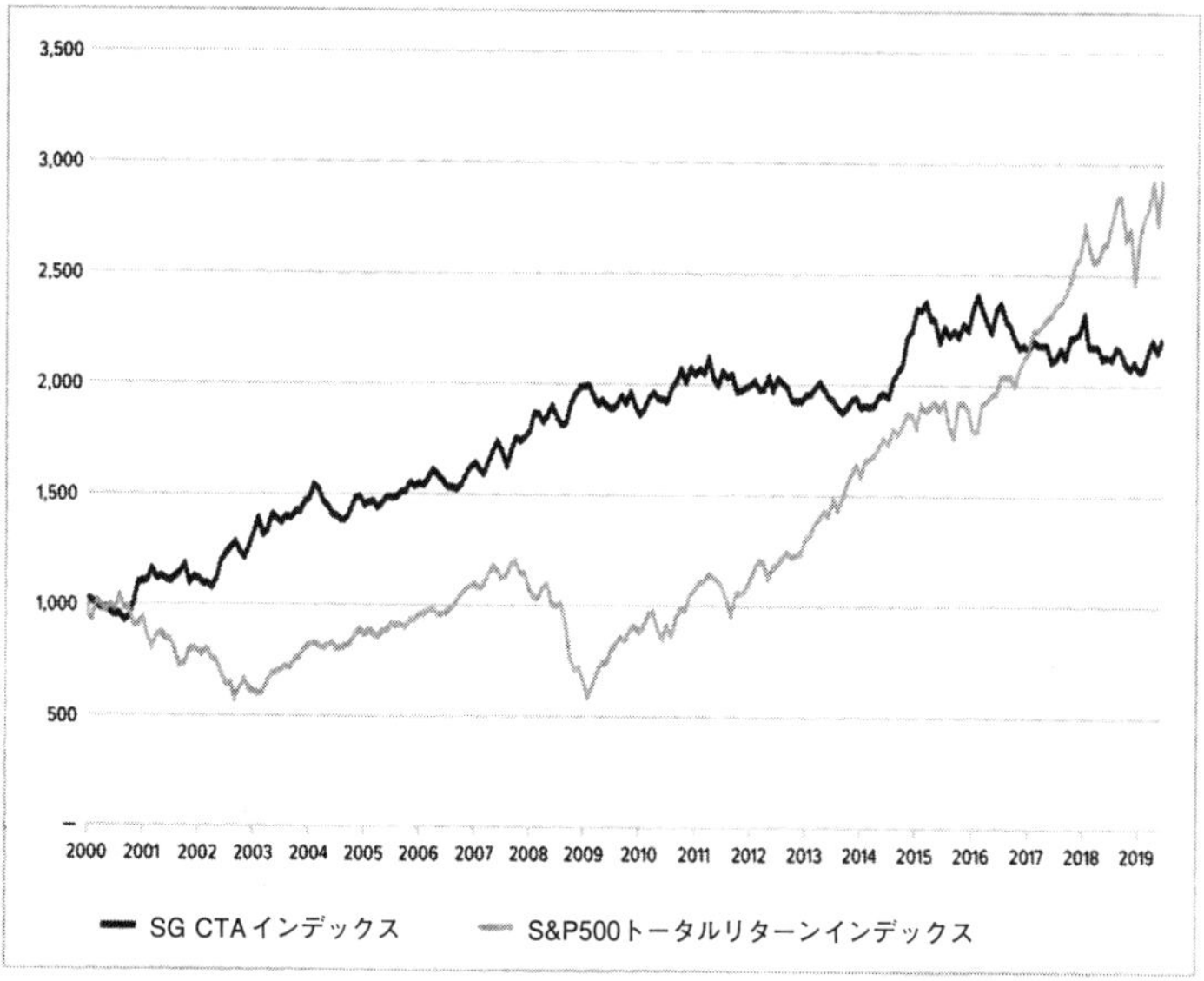

2000年１月～2019年６月の株式市場（S&P500トータルリターンインデックス）と比較したトレンドフォロー（ソシエテ・ジェネラルのSG CTAインデックス）

出所＝アレックス・グレイザーマン、キャスリン・M・カミンスキー

ているのか分からなかった。外出やデートはメールのやりとりで決められるようになっていたからだ。今日、彼女たちが結婚していなければ、ティンダーを利用するかもしれない。これは二〇一二年に登場したマッチングアプリで、二重承認によってデートを断られる恐れなしにどの年齢の大人でも使えるものだ。このアプリを提供しているマッチ・グループは最近、三〇億ドルの価値がある（二〇一七

	バークレーCTAインデックス(株式市場と同じボラティリティ)	S&P500トータルリターンインデックス	50対50の組み合わせ
年平均リターン	10.9%	9.22%	10.37%

出所＝アレックス・グレイザーマン、キャスリン・M・カミンスキー著『トレンドフォロー戦略の理論と実践』(パンローリング)

年)と評価された。若者が最後に電話で「デートを申し込んだ」のはいつだろうか。画面をスワイプするだけで済むティンダーの仕組みは、就職活動や私の予測できない他分野にもさまざまな形で広がるに違いない。そして、このアプリもいつかほかのものに取って代わられるだろう。私たちは使い捨て社会や世界に住んでいるが、……私のルールはそれでも頼りになる。

私は安く買って高く売ろうとすべきではない、と言っているのではない。バイ・アンド・ホールドの手法が間違っていると言っているわけでもない。必ず成功するトレード手法や投資手法は一つもない。だから、多様な銘柄に分散するのが最も良いのだ。私たちがトレードを始めたとき、トレンドフォローは過激な考えだった。投資判断をするにはファンダメンタルズの情報が不可欠だ、と人々は考えていたからだ。価格だけを使って売買するトレンドフォローのような定量的手法はとんでもないものと考えられていた。トレンドフォローでは確率が重要だが、ウォール街ではストーリーや予測が重視される（悲しいことに、人々は予測のために大金を払っている）。そのため、驚くことではないが、多くのアドバイザーは依然としてほかの手法を排除して、バイ・アンド・ホールドの投資を勧めている。しかし、今や、普通の人々でも分散ができるようになった。従来のポートフォリオを補完するトレンドフォロー手法の投資信託やETF（上場投信）が利用できるからだ。

私の同僚のアレックス・グレイザーマンと共著者のキャスリン・カミンスキーは年平均リターンを比較した研究で、一九九二〜二〇一三年の二〇年間にトレンドフォロー（バークレーCTAインデックスで測定）が株式市場平均（S&P五〇〇トータルリターンインデックスで測定）を上回っていることを発見した。最も興味をそそられたのは、両方の手法を同じ比率で組み合わせると最も成績が良かった点だ。

トレンドフォローを人生に生かす

オーストリア学派の経済学者であるルートヴィッヒ・フォン・ミーゼス（一八八一〜一九七三年）は、「すべての行動は時間の流れに組み込まれているため、投機を伴うことをけっして忘れてはならない」と書いている。

　私も同じ考えだ。人生とは、たとえ不安でも毎日、しなければならない賭けの連続だ。人生では市場と同様に知らないことは知らないと認めるほうが賢明だ。私たちは判断を下すとき、間違えることがあると分かっていても観察できる手近の事実しか使えない。

　人間は、市場や人生では合理的に行動しない。例えば、体重を減らすには食べる量を減らして、もっと体を動かす必要があると、だれでも知っている。では、なぜ人々はそうしないのだろう。私の考えを理解してもらおうとするとき、私はよく愛とデートを例に使う。財産よりも愛を追い求める経験をした人のほうがはるかに多い。私たちはみんな、失恋の痛手だけでなく、異性に引かれて近づいて恋人を見つける喜びが分かる。結局、私たち人間は何よりも子孫を残すように作られているので、恋人を求める気持ちがとても強いのだ。

　お金と愛はとても似たところがある。それはリスクだ。だれかに身を捧げるとき、大きな利益――あるいは、利益と思っているもの――と引き換えに大きなリスクを負う。私たちは通常、プラスになることが相手から得られなければ、付き合いを続けない。付き合い始めてからどれくらい長く、悪い傾向を続けるだろう。それほど長くないだろうか。二〇年間、同じ家に住み、子供たちがいる場合はどうだろう。リスクをどのように管理するだろうか。これはすぐに複雑になる。
私の基本的な方法をもう一度見て、何が言いたいのか教えよう。

一．ゲームに参加する

あなたは将来の配偶者がやってきて、ドアをノックすることなどあり得ないとよく分かっている。確率はおそらく一〇億分の一だ。あなたは出かけなければならないと知っているので、おしゃれをして、口紅を塗るか靴を磨き、ダンスクラブ、バー、パーティー、教会、職場など、男女の駆け引きというゲームが行われているところに出かける（ティンダーを使うのならば、自分のかっこいい写真を撮って、素晴らしい自己紹介文と一緒に載せれば、もうゲームに参加している）。

二．明確な目標を設定する

気の利いた会話ができて、ユーモアのセンスがある人が望みか？　セックスだけの関係か？　結婚の可能性がある人がいいか？　思わず振り返って見るほどの美人が望みか？　高収入か？　宗教か人種が同じがいいか？　何を望んでいるのかは、自分で分かっているはずだ。もちろん、あなたはすでに相手に何を求めるか、目標を設定しているだろう。これらの問題をじっくり考えていなければ、面倒なことになる。

三．リスクを最小限に抑える　最初のデートで、一番高いショーを見て、町で一番高いレストランで食事をするだろうか。おそらく、しないだろう。では、心引かれる人が見つかるまで、たくさんの人とコーヒーかお酒を飲みに行ったり中華料理を食べに出かけたりするだろうか。もちろん、するだろう。そして、きっとゲーム理論を使って、自分の賭けのタイミングをコントロールするだろう。ゲーム理論は観測可能な事実を用いて確率を判断する。だから、目標に見合う人が見つからなければ、うまくいかないと分かっているデートに貴重なお金と時間を投資するよりも、「今回はやめておく」のではないだろうか。これは人生で遭遇する、多くの分かりづらい状況を明確にする考え方だ。

四．ダメな人はすぐに切り、うまくいく人と付き合い続ける　離婚の可能性は半々にもかかわらず、人は結婚に多大なお金と時間とエネルギーを注ぐ。早い段階では特に、それらを悪い賭けで使い果たさないことが重要だ。

図4.2　愛とトレンドフォロー―うまくいく人と付き合い続ける

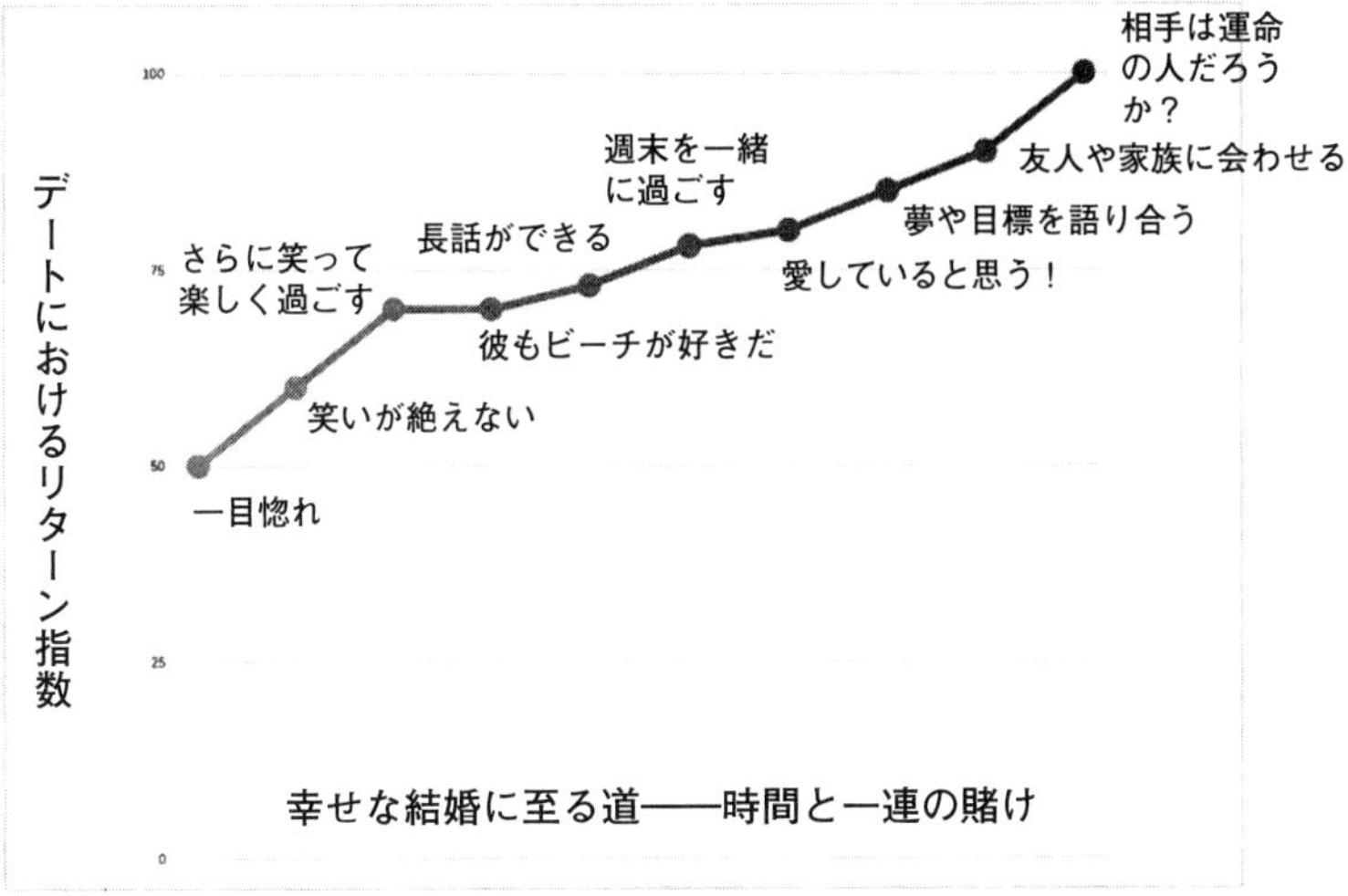

図4.3　愛とトレンドフォロー―ダメな人とは別れる

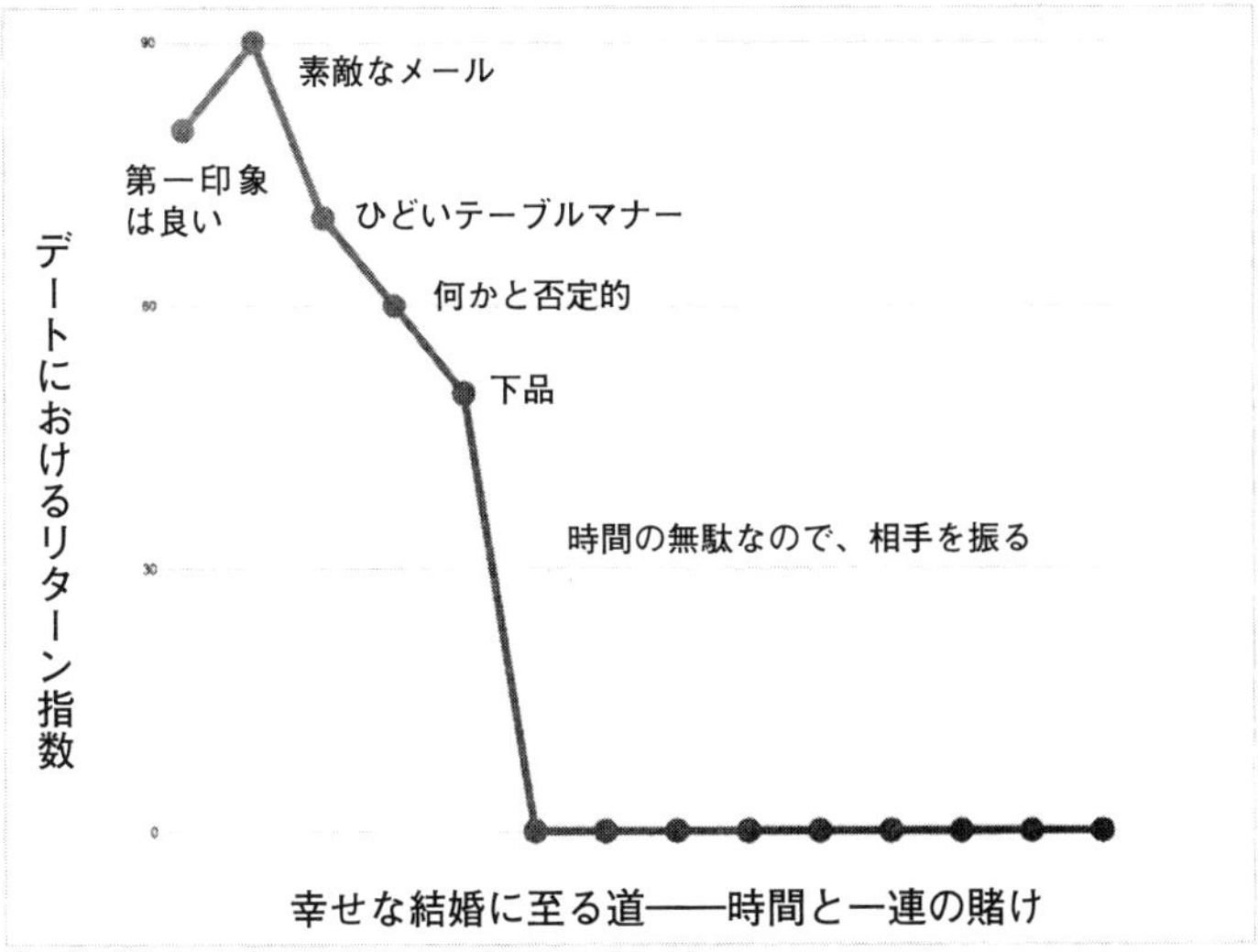

愛とトレンドフォロー――結婚までの道のりは賭けの連続

次の各シナリオのどこに賭けるだろうか。

ときどき、とても素敵な恋人候補に出会う。トレンドは上げ続けていくが、どういうわけか、あなたは驚いて逃げる。どうして良いトレンドから飛び降りるのか自問しよう。人生がそんなに良いはずはないと思うのだろうか。自分はそれほど良いことには値しないと思うのだろうか。

私の最初の結婚は最初から上昇トレンドで、結婚生活は幸せだった。前に述べたように、妻のシビルと私は生い立ちがまったく違っていた。二度目の結婚では生い立ちがよく似た人を選んだ。シャロンはブルックリン育ちで、私と同じように家は貧しかったが、もっと良い暮らしをしようと強く思っていた。彼女はシビルの友人でもあった。私たちは共通点が多かったので、説明しなくても分かってもらえることがたくさんあった。結婚は人生で最大の賭けの一つだ。どちらの結婚でも、私はこの人と過ごしたいかどうか自問した。配偶者とすることは非常に多い。ベッドで素晴らしい時間を過ごせるかは相性による。結婚生活は一生ものだ。何に価値を認めたいか、決めるのはあなただ。

私が何を言いたいか分かるだろうか。自分が評価する人と付き合い続けよう。良い付き合いを続けるのは、やめるよりもはるかに簡単だ。では、結婚生活において、損切りをするのはいつだろうか。友情が崩れたとき？　事業で失敗したとき？　お金の場合と同じように、あなたはどこまで損を受け入れられるかを自問しなければならない。歴史を振り返ると、間違った考えにこだわったばかりに、あまりにも多くの富が失われている。あらゆる証拠が下降トレンドだと示しているにもかかわらず、悪い状況が好転するまで待つ人がいかに多いことか。人は事業を始めると、利益が低くても五年、一〇年とやり続ける。

何年も前のことだが、子供のときから知っている若い女性がブロンクスの高校で教師をしていた。彼女は毎朝、仕事に出かけるのが日増しに恐ろしくなると言った。ある日、ビーチを歩いていて、実は本当になりたいのはセラピストなのだと彼女が話した。

「どうして、ならないの？」と私が尋ねると、「年金をあきらめたくないから」と彼女は答えた。

だが、それから恐ろしい出来事について話した。数週間前に、ある科目で落第点を付けられた生徒が腹を立てて、彼女の同僚の教師に近づいて、顔を真っ正面から銃で撃ったという。

「ちょっと、待って。生徒が教師を撃つこともある職場で働いているのに、年金のために辞めたくないの？」と、私は言った。銃で撃たれるリスクに比べれば、年金ぐらい何でもないだろう。これは悪い取引だ。そもそも、年金を受け取れる保証はない。年金を受け取る年齢までにはとても多くのことが起きる可能性があるからだ。それに、大学院で臨床心理学の学位を取るという人生の夢を追わずに、撃たれる危険に毎日さらされながら、「老後が保障された」仕事を続けていれば、命を落とす可能性もある。

幸いなことに、彼女はルールに従って、損を切る必要があると理解した。彼女は仕事を辞めて大学院に通い、心理学者として成功した。

人々はいったん投資をしたら、それを回収しないままやめるのをとても嫌がる。悪い賭けにあまりにも長くこだわりすぎると、もっと良い機会を逃すことになる。これは、市場についてだけでなく、人生にも当てはまる。

同様に、やめるのは意気地なしという俗説に惑わされないことだ。大統領に立候補して、予備選で大差をつけられているのなら、勝つ望みがない。それなのに自分こそが本命だと主張して、残りの人生が惨めになるだけの愚かなまねはやめて、すぐに撤退すべきだ。自分の目標を思い出そう。それはアメリカ大統領になりたいということだ。もっと良い計画を練って、四年後に再挑戦すべきだ。

忘れないでほしい。人生や市場では、自分でコントロールできないことがたくさんある。しかし、自分が何を選択するかはコントロールできる。そして、自分がどれだけの損失を受け入れるつもりかは、意識的に決めることができる。最初の質問に戻ろう。あなたはどういう人間か。あなたの望みは何なのか。トレンドフォローの考え方に従えば、今の自分にとって正しい選択ができる、とはっきり分かるようになる。トレンドフォローに従えば、やる気のある人ならリスク管理をして投資をする機会が得られる。

第5章

どうして損をするのか
――私が何百万ドルも失った理由も含めて

先日、ジムに行くと、男がサンドバッグを懸命にたたいていた。それは今まで見たなかでも最も効果のないパンチだった。私がパンチの正しい打ち方を知っているわけではない。だが、ほとんどの人と同じように、「全体重をかけて打つ」べきだという話はどこかで聞いたことがある。それがどういう意味かは、この男が力も入れずにレバーのように腕を振っているのを見るまでは分かっていなかった。だが、彼がどうして出せる力のほんの少ししか出せていないのかが突然、分かった。彼はまったく間違っていた。私は彼の間違いを指摘したいと思った。もちろん、そんなことはしなかったが。私はただ、彼が何も知らずにたたき続けて、疲れ果てて、同じ間違いを繰り返しているのを眺めていた。

私たちはしばしば自分の間違いに気づかない。間違いがだれの目にも明らかなときでも、うぬぼれや恐怖や願望のせいで、それが分からないことがある。私たちは損を受け入れたくないので、状況はすぐに好転すると言い訳をして、負けを認めようとしない。私たちは偽りの現実にしがみついて、自分を深刻なリスクにさらす。私はこのことをよく知っている。自分でも経験したからだ。私は人生のある時期、大成功をしているせいで、自分にパンチが飛んでくるのが見えなかった。そのため、私は何百万ドルも失い、人生をほぼ台なしにした。

どうすればお金持ちになれるかという話題はいつも人の心をとらえて離さない。しかし、あなたが市場に参加しているのなら、損の仕方や一瞬で破産するほど大損をしない方法を学ぶほうが重要だ。なぜだろうか。願望があると現実に逆らおうとする。それはかまわない。しかし、落とし穴や脅威があることも理解しておく必要がある。ときどき間違いがはっきりと分かることがある。長年にわたって、私は自分を含めて非常に多くの人々が財産を失うのを見てきた。そして、それは結局、一つのこと――私が示したルールとは正反対のこと――に行き着く。大損をした多くの人は早く損切りをして利を伸ばすのではなく、打撃を受けると固まってしまうのだ。彼らの小さな損は深い穴になる。それはまるで水が流れ込んでいて自分は泳げないのに、シャベルで掘り続けているかのようだ。私が経済的に生き延びられたのは損を早く切ったからで、裕福になったのは利を伸ばしたからだ。

私はお金を失う最も一般的なケースを八つ集めた。よく学んでほしい。私がまだ芸人だったら、一つ紹介し終えるたびに笑いの効果音を流すかもしれない。これらの間違いのうち、どれのせいで私が何百万ドルも失ったのか知りたければ、最後まで待たなければならない。私の犯した間違いは八番目だからだ。

お金を失う八つのケース

一．天才になる

神童を知っているだろう。IQが非常に高くて先生をうならせ、首席で卒業する子供だ。もちろん、彼らは自分が特別だと思っている。天才には多くの利点があり、大いに称賛もされる。しかし、一流の学校に通い、毎年のように出世する天才は市場で不利な立場に立たされる可能性がある。第一に、市場は人がどれほど賢いかなど気にかけない。成績や学位に感心することもない。株や債券や商品のトレードでの成功は、例えば高難度の技でポイントを稼ぐフィギュアスケートとは異なる。市場では最終結果だけが重要で、それはゼロのこともある。つまり、ほとんどの場合で正しくても、判断を誤った一回のトレードで大金を賭けすぎていると、すべてを失ってしまう。市場は「ごめん」とさえ言わない。教育を受けていながら、自分の間違いを理解できないせいで損切りを先延ばしにして、破産寸前までいった人が、よりによってアイビーリーグ出身者だった、ということが実際にときどきあった。

二．その銘柄に借りを返してもらう必要があると考える

私の友人に、砂糖で大金を稼いでお金持ちになった人がいた。しかし、彼は砂糖で大金を失った。どうして、そんな羽目に陥ったのか。長い間、彼は砂糖で大勝しなければならないという考えに取りつかれていた。なぜだろうか。砂糖には借りを返してもらわなければならないと思っていたからだ。その後、彼は何年も砂糖をトレードし続けたが、何も起きなかった。ある日、私は砂糖がついに大きく上げているのに気づいた。友人が大喜びをしていると思って電話をして、どうなったか尋ねた。だが、彼の声はためらいがちだった。

「その日は買い損ねたんだ」

彼は砂糖で損を取り返せるとずっと思い込んでいたので、実際の動きには注意を払っていなかった。上げ始めたときに、彼は買っていなかったのだ。

三．トレンドを無視する

別の例を考えてみよう。トウモロコシ市場は下げている（この例では、アップル株でもビットコインでもかまわない）。トウモロコシの価格は反発するはずだから、今、この新安値でトウモロコシを大量に買うべきだろうか。

それは間違いだ。

もちろん、これは暴落後に買う絶好の機会かもしれない。だが、これがいつでも当てはまるルールと考えるのは大変な間違いだ。もっともな理由があって下げる株もある。そういう株は買うべきではない。例えば、自動車が登場すると、馬具や馬車の原材料の価値は下がった。サドルを作る会社の株を買って儲かるだろうか。

別の言い方をしよう。ブルックリンに行くとき、まずブロンクス行きの電車に乗るだろうか。私は一度乗ってしまったが、やめたほうがよい。私はそのとき会議で話した考えを全面的に褒められたあと、マンハッタンの南に位置するブルックリンに向かった。自分は天才に違いないと思いながら、地下鉄に乗って揺られていた。ふと見上げると、その電車がブルックリンではなくブロンクスに向かっていることに気づいた。私はニューヨーカーで、九歳から地下鉄に乗っていたのに、間違えてしまったのだ。

自分の展望が現実と合っているか絶えず自問しよう。株や商品が上げていると考えて一ドルで買ったのに九〇セントに下げたら、現実を直視しよう。あなたは間違えたのだ。降りよう。だが、後悔する必要はない。間違えたからといって、永遠に間違っているわけではない。今回は間違えたというだけだ。次のうまくいく機会を探そう。

四．ひどいポジションを手仕舞わない

またとない取引の機会が目の前にある。成功する確率は九五％だと思っているので、いくら儲かるだろうかと想像してわくわくしながら大きく賭ける。

すると、悲しいことが起きる。あなたは五％の負け組に入る。今や、家を売って車を下

取りに出し、私立大学に通うつもりの子供に悪い知らせを伝えなければならないかもしれない。そうする覚悟はあるだろうか。覚悟がなければ、損をしても容認できる額で賭けよう。実際、「いくら儲かりそうか」ではなく、「いくらまでなら損をしてもかまわないか」を最初に自問すべきだ（これを自分のモットーのように繰り返そう）。

五．含み損になってもしがみつく

何年も前、私のいとこはオプション市場で五〇〇〇ドルを一〇万ドルに増やした。私は彼にどうやったのか尋ねた。

彼は説明した。「簡単だよ。オプションを買って、上げたら持ち続ける。下げたら、少なくとも損益ゼロに戻すまで手仕舞わないんだ」

私は彼の戦略がいつもうまくいくわけではないと説得を試みた。そのやり方はあまりにも危険だった。しかし、彼は言うことを聞かなかった。彼は一〇万ドルで、メリルリンチ株のオプションを非常に安い価格で買った。それは彼の全財産だったが、彼はまったく気にしていなかった。「オプションは底を打って上げるはずだから、じきに大金を仕留めるよ」

と私に言った。

「いや、仕留められるのは君のほうだ」と、私は答えた。

彼は譲らなかった。「一〇%上げるだけで、投資額の二〇〇%も儲かるんだ」

しかし、実際には価格はけっして上げず、彼は一一万ドルの損を出したと言った。

私は彼に、「どうして、そんなことになるんだ。投資した金額以上の損が出るはずはない。余分に損をした一万ドルは何が原因なんだ」と尋ねた。

彼は、「ああ、話してなかった? 銀行から一万ドル借りていたんだ」と言った。

負けていたのに、もっとお金を借りてオプションを買い増していたと知って私は驚いた。彼の判断が正しいという証拠はまったくなかったが、彼は借金までして市場に逆らい、許容できないほどのリスクをとった。なぜだろうか。頭のなかでは、希望は損とは別に評価される。これが夫婦関係が悪くても離婚しない理由でもあり、私の経験では財産を失うほとんどの理由だ。

六. 勝ち組である

私のもう一人の友人はスポーツが得意なイケメンだった。学校の成績も良く、負けるのには慣れていなかった。実際、彼はけっして負けなかった。彼の両親は彼を甘やかしていて、一六歳のときにコルベットを買ってやったほどだ。彼は損失に備える方法や損失を防ぐかそれに対処する方法を知らなかった。彼は株を買って下げたら、塩漬けにした。それらの株は一度も買値まで戻らなかった。結局、七〇歳になって子供の世話になった。

勝つことに慣れている人は負けを認めようとしない。彼らは賭けに負けると、人よりも長くしがみつく。私は運動が不得手で成績も悪かったので、負けても驚くことはなかった。私はすぐに負けを認めて損切って、次の賭けに備えるのが常だった。私は損する練習をすることを勧める。長い目で見れば、それは大勝する役に立つ。

七．自分の目標がはっきりしていない

あるとき、あなたが上昇トレンドを見つけたとしよう。ある地域の区分マンション一棟の過去三〇日の平均価格が一年間上昇している。建物の価値が上がって大儲けできると考えて、一棟を買うことにする。有名な建築家が設計した美しいロビーがあると分かり、そ

の建物に一目惚れする。ロビーが豪華だと、価値はさらに上がると思う。

あなたは客観的に見ることができなくなった。実際にはロビーのためではなく、家賃収入を得るためにそのマンションを買ったはずだ。必要なのは、建物の状態と家賃が上昇しているかどうかを確認することだ。客観的になって、お気に入りのロビーから距離を置こう。

八．思い上がる

お金をすべて失って破産することと、自分のお金だけでなく他人から預かった何百万ドルものお金まで失うこととはまったく別の話だ。この間違いを最初にしたのは私ではなかった。しかし、そういうことが起きそうだと見抜けなかったのは私のせいだった。実際に間違いが起きているときに発見できなかったのは私のせいだった。発見するには、私の地位が高すぎた。事業は順調で、私は有頂天になっていた。私は現場で働く人たちを使って、お金を動かし管理していた。私は自社のスタッフに指示を出すだけの人間で、世界を飛び回って取引をまとめていた。私は現場で何が起きているかまでは注意深く見ていなかった。

また、確認もしなかった。数字を渡されると、私はそれを信じていた。そうなったのは私が思い上がっていたせいで、それは重大な欠陥だった。私に起きたことは次のとおりだ。私の話が同様の間違いを防ぐ助けになることを願っている。

私がすべてを失った理由

一九七〇年代半ばに私が作った会社（パートナーシップ）は商品オプションのマーケットメーカーだった。簡単に言えば、私たちは商品のオプションを自己勘定と顧客勘定で売買する決済会社の役割を果たした。巨額の現金が必要だった。私は担保を入れているスイスの銀行から融資を受けて事業を始めた。トレードは非常に順調で、顧客は増え続けた。マーケットメーカーで重要なのは、すべてをヘッジする必要があるという点だ。つまり、一〇億ドルのオプションを顧客から買うことに同意した場合、私たちは必ず一〇億ドルのオプションの買い手を別に見つけてヘッジした。売値と買値の差が私たちの利益になった。ヘッジをするのは安全のためだった。

顧客が私たちのファンドに投資するとき、彼らは最低額の現金を前払いで投資し、その三倍の額を証拠金として差し入れることに同意した。そのため、顧客が例えば五万ドルを現金で投資した場合、会社の必要に応じてさらに一五万ドルが差し入れられた。

そのころには、私はすでにパートナーと仕事をしていた。彼はトレードシステムの検証と実行を手伝ってくれたクオンツだった。私はいわば外部の人間で、彼は帳簿を管理する内部の人間だった。私は自分のアイデアを実行してくれる人がいつも必要だった。それは失読症で目が不自由である以上、避けられないことだった。私には目になってくれる人が必要だった。失読症でなくて数字に強く、私がやりたいことを説明したら、それを数学的に理解できるほどの頭の良い人が必要だった。私のパートナーはそういう人間で、私は彼が好きだった。彼には素敵な妻と子供がいた。彼はほかの人と同じように私の会社で働き始め、給料の代わりに株を受け取った。起業したとき、私にはお金がなかったからだ。やがて、彼はそれで報われるようになった。そして、彼の仕事ぶりは非常に良かった。

私たちは大成功していたので、私の弁護士のサイモンは、節税のために住居と事業をニュージャージーに移すようにと説得した。私はあるロックコンサートを主催することになり、ニュージャージー州サミットを通った。そして、緑の多さに驚いた。妻のシビルと私はそこに引っ越して、子供を育てることにした。オフィスはニューアークにあるゲートウエービルの九階に構えた。サイモンは一四階にオフィスを構えた。

このころはワクワクしていた。マーケットメーカーの会社は軌道に乗っていた。調達額は五〇〇万ドルから一〇〇〇万ドルになり、私はそれをトレードしていた。次に、商品で使っていたのと同じ戦略を債券市場に当てはめるために別の会社を設立した。このために、さらに一〇〇〇万ドルを調達した。

私は大好きなお金儲けのために新たに独創的な方法を考案していたので、この時期は楽しかった。例えば、当時、ＣＢＯＴ（シカゴ商品取引所）のチーフエコノミストだったリチャード・サンダー博士が金利について最初の先物取引を開発したと発表したとき、私はこのトレードをやりたいとサイモンに話した。「私たちならうまくやれる」と私は言った。

「ラリー、それは素晴らしいアイデアだけど、やり方が分からないだろう」とサイモンが言った。

「サンダー博士に電話をして、方法を見つければいいじゃないか」

「彼を知っているの」

「いや、知らない」

「じゃあ、一体どうやって会うんだ」

「飛行機に乗って、彼のオフィスに行くよ」と私は言った。サイモンは私がだれにでも電話をかけられることによく驚いた。うまく説明できないが、とにかく私はいつでもそれができた。それは私が失敗に慣れているからかもしれない。相手が私にできる最悪なことは何だろう。せいぜい、追い払うぐらいではないか。

数日後、私はサンダー博士のオフィスにいた。彼は優秀な人で、私たちは楽しく会話をした（彼もブルックリン出身だと分かった）。私たちは彼の洞察をもとに金利先物のトレードを始めた。

一九七九年一一月に、すべてが変わった。

インフレ率は過去一〇年間の大半で上昇し続けていて、当時は一一％を超えていた。FRB（連邦準備制度理事会）の議長に就任して間もないポール・ボルカーはインフレとの闘いを始めた。彼は金利引き上げが必要だと訴え始めた。顧客は大きな値動きを予想して、私たちのところでポジションを取ろうと押し寄せた。

しかし、その一一月、サイモンは私のパートナーから電話をもらった。

「会って話さないといけないことがあるんだ。話が終わったら、窓から飛び降りるよ」

サイモンが彼の言葉を信じたかどうかは分からない。しかし、その言葉は間違いなく注意を引いたはずだ。

サイモンは私が到着するまで彼に会おうとしなかった。私は一時間以内に到着し、三人はサイモンのオフィスで会った。ドアを閉めると、パートナーがその事実を伝えた。

「私はヘッジをしていなかった。申し訳ない。一〇億ドル分のポジションを取ったまま、ヘッジをしなかったんだ……」。彼の声は穏やかだった。彼はボルカーの金利政策につって何かを話し、私たちにはあまり資金が残っていないと言った。彼はそれがいくらか把握していなかった。

私は彼の言葉の意味を知らなければならなかった。どういうわけか、私は「どうして」と尋ねた。

「ボルカーが金利の引き上げをやめると思ったから」

彼が私にもほかのだれにも相談することなく、私のシステムよりも自分の判断を優先しようと決めたことについて、私はその後何年間も考え続けた。彼がすべてを危険にさらしたのはエゴのせいだったのだろうか。それとも強欲か恐怖のせいだったのだろうか。私にはけっして分からなかった。彼はＩＱが高く、奨学金で一流大学を卒業した、とても賢い男だった。ハンサムで素敵な家族がいた。彼の人生はこれから一変するだろう。

結局、彼はかなり前にこの過ちを犯していたが、ほかのトレードで損失をカバーしながら私には隠していた。間違いなく、彼が確かめるたびに状況は悪化し、恐怖が日ごとに高まって無感覚になっていったのだ。私はいつも人々に、「最初の損が最も良い。すぐに手仕舞えるからだ」と言っている。だが、実際に起きたことは違った。彼は損を出した日に損と向き合って損切りするのではなく、パニックに陥った。彼は分別のある男だったが、どういうわけか、自分は救われると思っていた。会社ではブックを再確認する担当者を置いていた。だが、あとで分かったのだが、パートナーはその担当者に間違ったことを教え、かつ脅かしていた。そのため、すべてが隠されていた。

サイモンと私の財産は吹き飛んだ。彼は弁護士仲間や顧客の一部に投資をさせていたが、彼らも私たちの友人やほかの多くの顧客とともに財産が吹き飛ぶ可能性がある。私たちはみんな破産するかもしれないと思っていた。私たちは政府、ブローカー、銀行、何社かの巨大金融機関に対して負債がある。私のパートナーは言った。「ああ、最悪だ。連中に殺される。私は窓から飛び降りるよ」

幸いにも、窓にはカギがかかっていた。窓を開けることができたら、本当に飛び降りていただろう。私たちはショックを受けていた。しかし、私の頭はすぐに生き残る方法を探していた。明らかに私は木の上にいて、その木は燃えていた。だが、私はまだ炎に包まれていない枝を探して降りようとしていた。サイモンの法律事務所もひどい災難に遭ったので、私がこの状況から抜け出すのを手伝ってくれるはずだ、と考えていたことを覚えている。

それから数日間は眠れなかった。落ち着くと、自分たちのポジションを確かめることができた。私たちの負債は自分たちの資産よりも七〇〇万ドルも多かった。

残念ながら、私は事態を収拾するためにパートナーと協力し続けなければならなかった。私をだまして深刻な損失をもたらした人間とどうして同じ部屋にいられるのだろう、と思う人もいるかもしれない。それはとても簡単だ。私は人生を目標ごとに分ける。私が好きか嫌いかは重要ではない。重要なのは私が何をすべきかだ。私は自分の感情を押し殺す必要があった。パートナーが帳簿を管理していたので、私は彼と協力して問題を解決するしかなかった。

ある友人がどれくらい気分が悪いのかと尋ねたとき、私は「少しならそれほど気にしないが、かなりになると本当につらいよ」と言った。ユーモアもそれが限界だった。この時期には朝起きると、たいていはまず吐いていた。

そのころには父は仕事を辞めていて、私が面倒を見ていた。私は父に電話をして、何が起きたのかを話した。「父さん、もう面倒は見られなくなるかもしれない。自分の財産よりも何百万ドルも多い借金があるんだ。一人の分だけでも四〇〇万ドルの借金なんだよ。それが今抱えている問題なんだ」

父は答えた、「いや、それはおまえの問題じゃない。それは彼の問題だ」

これは見事な返事だった。ある人が私に乱暴に怒鳴り出すと、私はすぐに弱い立場にある者の力を知った。私は彼に言った。「やめてくれよ。私はすでに死んでいるんだから、脅してもむだだよ」。これは効き目があった。

私たちは一連の行動を取ることに決めた。少なくとも私のトレードはうまくいっていたので、負債の大きさに比べると取るに足りない額とはいえ、返済に充てる現金がいくらかあった。次のことを覚えておこう。借金があるときには、手持ちの現金を渡すからと言って、残りの分について交渉することができる。人は自分のお金を返してもらいたがる。そして、待った揚げ句、何も返してもらえないよりも、今のうちに半分返してもらおうと考えるかもしれない。私たちは大手金融機関の三社に負債があり、二社が私たちとの交渉に応じた。

私たちが彼らの災難を未然に防ごうと交渉をしている間、私が保有中の金と銀の買いポジションは非常にうまくいっていた。交渉は極めて妥当な結果に落ち着いた。私たちの資産の二倍の損失を「妥当」と呼べるならばの話だが。しかし、元々は全財産の三～四倍の損失を被る恐れがあったので、それよりはましだった。

金融機関との交渉を終えると、サイモンと私は投資家の一人一人と話をしに行った。一〇〇人の投資家のうち、九八人が私たちと会うことに同意した。その後、損失を限定するために私たちが何をしでかしたかを話して、トレードを続けて損失を取り戻せるように、証拠金の三分の一を投資して、最初の投資額を二倍に増やしてもらえ「さえすれば」よかった。二人を除いて全員がこれに同意した。

私は弁護士、会計士、投資家と協力して債権者から訴えられないようにする必要があった。私はカリフォルニアに行って、年に一〇〇〇万ドルほど稼ぐ投資家の一人を訪問したときのことを覚えている。彼は田舎に広大な不動産を所有し、多くの人を雇っていた。私たちがお願いをすると、私を見て言った。「おまえ、たいした度胸だな。いつもなら、だれかがここに来て、もう一〇〇万ドル出してほしいと言ったら、俺はそいつに犬をけしかけてやる。びた一文出すつもりはない。だが、おまえには犬をけしかけたりしないよ」

このころ、IRS（内国歳入庁）が私たちの会社と取引のあるトレーダーの調査を始めた。私たちの会社が彼にとって最大の顧客だと知った。前にも言ったように、私たちの節税対策は合法であり、その仕組みを作ったとき、私は弁護士にお金を払って、合法である理由を説明する税務意見書を書いてもらっていた。それは合法すれすれだったかもしれないが、一線を越えて違法なことをしたいとはけっして思わなかった。彼がどういう過ちを犯したのかは知らなかったが、連邦政府は人々に友人や顧客を密告させて訴訟を起こすという手を使っていた。私は彼が自分の過ちをなんとかして私のせいにするのではないか、そうなれば私は刑務所行きだと恐れた。

私は妻のシビルにその話をしなければならなかった。彼女は最初の子供を妊娠していて、私たちにお金がないことを知ったばかりだった。今度は彼女に、私が刑務所行きになるかもしれない、と言わなければならなかった。

彼女は立ったまま、黙って私の話を受け止めた。それから、イギリス人らしい冷静さで、「あなたのようなタイプはいつも計画を練っているんでしょう」と言った。そして、階段を上っていった。彼女がその後、この話題を持ち出すことは一切なかった。

実際、彼女は正しかった、私はどこかに就職して、すべてを大混乱のまま放り出すこともできた。代わりに、私はある計画を思いついた。私は自分の借金を見て、原点に返って自分が本当に好きなことをしようと決心した。私は人間の裁量をまったく排した、もっと優れた取引システムを作りたかった。明らかに、私は人を信頼できなかった。だから、私は独力で最初からやり直すことにした。こういう粘り強さを持って生まれた人もいれば、実践しながら粘り強くなる人もいる。いずれにせよ、投資をするか、人生で何か大きなことを成し遂げるつもりなら、失敗しても立ち上がって、再び粘り強く進み続けることができなければならない。人生で私が成功できた要因が一つあるとすれば、それはこの粘り強さだった。しかし、認めなければならないが、そのときが間違いなく最も能力を試された。どういうわけか、私は立ち直って、前よりももっと大きくなる必要があると分かっていた。

私は新しい計画を作り始めた。

ミント・ファンド、マーケットの魔術師、ルールに従う

第2部

第6章 ミント・ファンドの設立
――トレードで自分がどこにいるかを知る

私には壮大な考えがあった。だが、破産したので、まずは収入を得る必要があった。幸いなことに、カリフォルニア州のある顧客を節税で手助けをする機会が訪れた。この仕事での私の取り分は一〇万ドルで、これはかなり長い間、家族を養って事業経費を払える額だった（私はいつも予算よりも少なくしか使わなかった）。お金がどれくらい持つか、はっきりとは分からなかった。私はパートナーが起こしたトラブルを解決して、新事業に取り組むという、収入を生まない活動で忙しかった。

私の目標は、感情を排除して売買の決定を下せるように、事前に定めたルールに従う、純粋に統計的手法に基づいた科学的トレードシステムを作ることだった。これを成功させるには、モデルを構築して私のアイデアをすべて厳密に検証できるだけの訓練を正式に受けたパートナーを新たに見つける必要があった。私の友人がピーター・マシューズという義理の弟を紹介してくれた。彼は当時二〇代後半で、アメリカン大学で統計学の博士号を取っていた。彼は連邦政府に対するコンサルティングを行っていたが、先物取引にも興味を持っていた。彼はニューアークの私のオフィスに会いに来た。私は彼に、人間が下す判断はもう信用できないので、利益を生む自動取引システムを作れる人を探している、と言った。そして、給料を払う資金はないが、この起業に加わるべきだと彼を説得しなければならなかった。「これが軌道に乗れば、利益を分けてあなたをパートナーにする」と私は言った。彼はとても優秀で、そういうリスクをとれる年齢だった。彼は私の提案を受け入れた。

一九八〇年ごろは主としてこの自動取引システムの構築に取り組んでいた。当時、ほかにこんなことを行っている人を私たちは一人も知らなかった（実際には、一九七〇年代にエド・スィコータなどが取り組み始めていたことを今では知っている）。分かりやすい本や有益な案内書はなかった。また、大量のデータを処理できる大型コンピューターを使う必要があった。

こうした困難があったが、マシューズはトレンドフォロー型トレードシステムの設計を始めた。彼は多くの商品価格の移動平均値を監視して上昇トレンドを特定し、トレンドが続く確率をコンピューター化してリスクが高すぎるトレードを除外したうえで、特定の条件を満たしたときに自動売買を実行するアルゴリズムを作った。当時、この作業はとても面倒だった（今ではスマホでもできる）。マシューズは夜にアメリカン大学でコンピューターを使うことができたが、それでも時間がかかった。この骨の折れる作業には手計算での確認も含まれていた。私はときどき本当にすべてうまくいくだろうかと弱気になることもあった！

私たちは当初から、このシステムでどんな銘柄でもトレードできるようにしたかった。当時は、こういう考え方は珍しかったが、ポークベリーからトウモロコシやコーヒーとトレード対象を変えてきて、人間の行動は銘柄にかかわらずほぼ同じだと信じるようになっていた。さらに、非常に多くの種類の銘柄をトレードしたので、大幅な分散ができるようになった。これがリスク管理に役立つことになる。私たちはヘッジのルールも組み込んだ。このシステムでは大損が出ないように買いも売りもできるルールを作った。

一年かけて苦労して設計を終えると、マシューズは二〇代前半の優秀なコンピュータープログラマーのマイケル・デルマンを連れてきた（彼はコンサルタントとして仕事を始めたが、のちにジュニアパートナーになった)。彼は金融については何も知らなかったが、それは重要ではなかった。彼の仕事はマシューズが作った売買モデルを過去データで検証して、規模を拡大しても機能するかどうか確かめることだった。そのために、膨大な取引データを買ってそれを入力し、売買モデルを実行する必要があった。そうすれば、過去一カ月や一年ではなく、数千の異なる銘柄や期間でどう機能するかを確かめることができる。ところで、過去データでうまくいったからといって、将来もうまくいくとは限らない。それは明らかだ。過去データによる検証には欠陥がある。それでも、このシミュレーションは非常に価値があった。過去のデータであっても実際の市場データを使えば、オフィスに座って推測するよりもはるかに良い情報が得られたからだ。その結果、私たちは科学的に証明した。私たちのトレードシステムはうまく機能した。

私たちは時間をかけてそれを進化させ、洗練し続けた。例えば、システムのパフォーマンスの尺度として、さまざまな運用期間での検証も行った。一年間のパフォーマンスでの評価は恣意的な尺度だと思われた。そこで、マシューズとデルマンは期間をいろいろと変えて、利益が出る確率を定量化した。シミュレーションでは、運用期間が六カ月のときに九〇%で利益が出て、一二カ月のときに九七%、一八カ月のときに一〇〇%で利益が出ると分かった。

これらの重要な作業がミント・インベストメント・マネジメント社の設立につながった。そして、一九八一年四月にトレードを開始した。

ロンドン

ミントは危機から生まれたが、新しいブローカーを見つけるために一九八一年にたまたまロンドンに行ったからでもある。なぜロンドンなのか。アメリカで事業をすると、お金がかかった。当時の税率は世界で最も高かった。弁護士や投資銀行やほかの仲介業者たちは高額の手数料を取った。また、一九八一年に新しい法律ができて、長年使っていた税制が撤廃された。しかし、ほかの国はアメリカよりも先物取引に対してもっと柔軟だった。国際的な取引が始まった当時、ロンドンは国際金融市場への新しい入り口だった。私は機会を求めてロンドンに行った。

ある面会で、私はブローカーと紹介の協定を結ぼうとした。私が顧客を彼に紹介した場合、私に一定の手数料を払ってもらえるか尋ねた。彼はすぐに、それはできないと言った。

とても短い面会だった。彼のオフィスから出ていくとき、私は控え室に立ち寄り、先ほど読んでいた雑誌を手に取って、別の商品取引会社の広告部分を破り取った。そして、それをポケットに入れた。少しして、私はそこに電話をかけて、会うと言ってくれたデビッド・アンダーソンと話をした。

このときのことは今振り返っても興味深い。私が失敗に慣れていない人間だったら、断られると、くよくよと考えながらオフィスから出ていっただろう。だが、私はよく失敗をしていたので、すぐに次に何をするかを考え始めていた。だから広告を破り取ったのだ。多くの点で、この振る舞いはちょっとしたトレンドフォローの行為だった。一つのトレンドが続かなければ、そこにしがみつかずに次の機会を探す。あるいは、恋愛の比喩に戻るなら、デートがうまくいかないからといって、デートをやめて出家する人がいるだろうか。

デビッド・アンダーソンに電話をしたおかげで私の人生は変わった。彼はロンドンの先物取引界のリーダーだった。また、彼は世界有数の商品仲買および投資会社であるＥＤ＆Ｆマンともかかわっていた。アンダーソンとマンは当時、アンダーソン・マン・リミテッドという合弁事業を立ち上げていた。それはマンが商品先物市場に初めて参入したときで、アンダーソンがそれを手助けしていた。彼は私のパートナーと私が市場に参入するのも助けてくれた。

私たちはマンと「顧問」関係を結び、世界中の数十銘柄を私たちのトレードシステムで動かした。私たちは過去データで検証済みの、人が介入しない統計システムを使って、アメリカのオフィスでそれを行った。システムが推奨を出したら、私たちはそのトレードをマンに送った。マンはそれらをロンドンで執行した。

私の二人のパートナーと私は能力をうまく補完しあった。私はアイデアを練るが、出かけて商取引も行った。デルマンは私がアイデアを週に二〇個考え出すと言ったことがある。マシューズは統計が得意で、トレードプログラムを管理して分析を行った。そして、デルマンがコンピューターの作業をすべて実行し、プログラムが正確に動くようにした。最初の二年間に、年率二〇％以上の利益を出した。人々はそれに気づき始めた。しかし、それは私が望む水準にはまだ達していなかった。そもそも、私たちのようなトレード法を用いるファンドを販売するのは当時はまだ難しかった。ミントを設立して数年間は、ほとんどの人が私と話すことすら嫌がった。さらに、私がコーヒーと金を同じ方法でトレードしていると説明すると、彼らは話を切り上げた。電話を切られることもときどきあった。今日ではシステムトレードは以前よりも受け入れられているが、当時、それはまだ未知数で信頼できないもので、一般の人には受け入れられなかった。繰り返しになるが、失敗に慣れている失読症の私はそんなことは気にしなかった。私は自らを奮い立たせ、次の機会を求めてほかの人に電話をした。

しかし、ＥＤ＆Ｆマンには莫大な資金と評判があり、世界中に幅広い人脈もあった。一九八三年に私は会長と面会して、ミントの株主になってほしいと言った。彼は気が進まない様子だった。マンには非常に独特な上流階級のエリート文化があった。この会社は一八世紀に砂糖を扱う商社として設立され、約二〇〇年にわたってイギリス海軍と取引を行った。また、商品を扱う世界で最も古い商社だった。世界中の代理店でヨーロッパからコンゴまでの取引を仲介していた。顧客は主に大手メーカーと政府だった。一方、私たちの小さな会社のミントはＣＴＡ（商品投資顧問業者）だった。それは、私たちがいまだに西部開拓時代と見る人もいるテクニック――そして、彼の視点からはおそらくちょっと不適切なテクニック――を使い、個人投資家に市場での売買やヘッジのアドバイスをしていることを意味した。また、彼や彼の同僚たちは、コンピューター化された手法がひょっとしたら人間の判断よりも優れているかもしれないとは簡単に信じられないようだった。それでも、マンは先物市場に参入したがっていたので、私は彼が断りづらい申し出をした。それは、私とパートナーたちに給与を五年間支払い、彼らの大型コンピューターを無料で使用させて、私たちが事業を始めるための五〇〇万ドルの信用供与枠を与えることと引き換えに、ミントの株式を五〇％渡すというものだった。

これは私たちにとって素晴らしい取引だった。マンは私には持てない銀行とのコネと資金とコンピューターを持っていたからだ。また、これは彼にとっても良い取引だった。マンは急成長分野で大金を稼げる機会が得られるからだ、商品先物は軌道に乗り始めた時期で、それらのトレードやリスク管理をするための妥当な戦略を持っている市場参加者は多くなかった。

彼は申し出を受け入れると言った。それで、私たちは事業を始めることができた。

＊　＊　＊　＊　＊　＊　＊　＊

ゲームをするときには、自分がどこにいるかを常に知っておくべきだ。私にとって、イギリスは多くの点で最も良かった。そこに通い始めると、私は文化人類学者のような気分になった。私たちはみんな英語を話す、と私は思っていた。ところが、私は彼らがどういう意味で話しているのか考えなければならなかった。イギリスの同僚があることを言ったときに正反対のことを意味していることがときどきあることに、私は早いうちに気づいた（イギリス人と結婚していても、それほど有利になることはなかった。妻は常に本当のことを言う人で、私の同僚たちとは階級が違っていたので、彼らのような話し方はしなかった）。

私は実体験から学んで、マンの人々を次第に好きになった。彼らは礼儀正しくて、私が一緒に働いた人々のなかで最も賢かった。多くの点で、そこは私にとってふさわしい場所だった。当時、イギリスでは反ユダヤ主義がはびこっていたが、マンではほとんど目立たず、私が自分の能力を証明すると、それも消えていった。私はイギリスの同僚たちが本当に儲けたがっていることに気づいた。

もちろん、ブルックリン育ちの人間なので、私は彼らよりも少し積極的だった。あるとき、大きな長テーブルで会議をしていた。そこは証券会社だったので、そこら中に電話があった。私はイギリスの主要な取引所の一つ、おそらくココアの取引所だったと思うが、そこの顧問弁護士と会っていた。彼はとてもイギリス人的で、私は彼にルールを変えるように説得を試みていた。私は強く主張して、「それはみんなの利益になります」と言った。

「それでは手紙で、……」

私はコンコルドのジェット機に乗ってやってきたばかりだった。私は手を伸ばして電話を取り、それを相手に差し出した。

「彼に電話してください」と、私は言った。イギリス人ならば、けっしてそんなことはしなかっただろう。だが、ブルックリン育ちの人間ならそれくらい無遠慮になることもある。もちろん、控えめな同僚たちが心地良く感じられるように、遠慮することもあった。これがゲームをしている場所を知っておく必要がある理由だ。相手の文化ではどういうルールと考え方でプレーをするのか理解しておく必要がある。郷に入っては郷に従うようにすれば、確率を上げることができる。イギリス人は好きだったが、彼らの駆け引きは好きではなかった。あなたもそうならば、自分の働いている地域での闘い方のルールに特に細心の注意を払うことだ。それらのルールを自分に有利になるように使えるかはあなた次第だ。

マンは現物商品を扱う商社だったので、信用に大きく依存している。そのため、銀行と良い関係にあり、多くの銀行出身者を幹部に雇っていた。そのおかげで、ミントに大きく扉が開かれた。マンを通じて、私は中東、ヨーロッパ、オーストラリア、日本と、世界中で事業を行うことができた。それでも、私たちのトレードのやり方に納得してもらうためにはかなりの説得が必要だった。例えば、私はオーストラリアで長い歴史を誇る金融機関と面談した。そこでは、だれも私たちのようなファンドを扱ったことがなかった。私は私たちのシステムがどう機能するかを説明し、債券を保管して、ファンドの元本保証をしてほしいと頼んだ。通常は販売をすれば、取引先は手数料を得て終わりだ。しかし、私たちと共同で仕事をすれば、保証料が得られるので、一回の販売につき一回の手数料ではなく、常にお金が入ってくると言った。この発言は彼の注意を引いた。

私たちは一九八一年の創業から一九八八年までに、複利で年平均三〇％以上の利益を出していた。この期間、最高の年（株式市場が暴落した一九八七年）は六〇％の利益を出し、最悪の年でも一三％の利益だった。そのころには、ビジネスウィーク誌の一九八六年の「ベスト」賞をはじめとして、経済関連のメディアから注目されていた。そして、ジャック・シュワッガーが一九八九年に出版した『マーケットの魔術師』（パンローリング）で私が紹介された。

まもなく、私は定期的にニューヨークからロンドンまでコンコルドで三時間半のフライトをするようになった。私は日曜日の夜にロンドンに飛び、平日はヨーロッパ中を回った。

そして、金曜日の午後にコンコルドに乗って家に帰り、妻と子供たちに会った。私は飛行機に頻繁に乗っていたので、ある年には革製のパイロットジャケットをもらったほどだ。設立して一〇年もしない一九九〇年には世界最大のヘッジファンドとなり、運用資産が一〇億ドルに達した。

非対称レバレッジと元本保証型ファンド――勝利の方程式

私たちが成功した最大の要因の一つは、私が非対称レバレッジ（ＡＬ。Asymmetrical Leverage）と名付けたリスク管理の考え方にある。非対称レバレッジは私がお金持ちになった方法で、あなたでも実行できる。簡単に言えば、これは自分がとるリスクよりも利益のほうがはるかに大きいという意味だ。私の好きな考え方では、数セントしか賭けずに、何ドルも得る可能性があるということだ。弱い立場にある人々や組織にとって、非対称レバレッジは特に重要だ（ダビデとゴリアテのことを考えよう）。

この考えはロンドンのカクテルパーティーで生まれた。スタンレー・フィンク卿（のちのマン・グループのＣＥＯ［最高経営責任者］）やデビッド・アンダーソンなどのマンの重役たちは人脈が豊富で、適切な人々（投資資金を持っている人々）と知り合いになるのが得意だった。ある夜、私はマン主催のイベントに彼らと出席していた。そして、ある人と話をしていたら、彼が裕福な投資家だと分かった。

彼は私に言った。「あなたのリターンは素晴らしい。ですが、私が任せている運用会社のリターンもそれに近く、手数料はあなたのほうが高い。あなたは二％の管理手数料と利益の二〇％を取りますよね。彼らは管理手数料を取りません。利益の二〇％だけです。私があなたに投資すると思いますか？」

私は家に帰って、彼の言葉について考えた。彼の言いたいことは分かった。「どうすればいいだろう。どうすれば、ミントにもっと投資家を引きつけられるだろうか」と私は考えた。これは一九八五年の話で、私はそのころ子供が二人いて、家を一軒持っていた。マンは全利益の五〇％を得ていて、私はほかのパートナーと利益を分け合っていた。私はもっとうまくやろうという気になった。

「不敗」ファンドというアイデアをパートナーに話した。投資家の資金の六〇％を五年物Tノートのゼロクーポン債に投資すれば、元本が完全に守られるだけでなく、約五年で二倍になるとしたらどうだろう（これは金利が非常に高かった一九八〇年代の話だ）。

そして、残りの四〇％を私たちのトレードシステムで運用する。最悪の場合、システムで運用した資金をすべて失っても、五年以内に元本を取り戻せる（そして、管理手数料もカバーできる）。つまり、投資家にこう言える。私たちに一〇〇万ドルを投資すれば、最悪でも五年後に確実に一〇〇万ドルを受け取ることができます。失うのはあなたのお金の時間価値だけです。実際には、私たちのトレードシステムは毎年、素晴らしい成績を出しているので、大きなキャピタルゲインが得られるでしょう、と。私たちはこれを「ミント・ギャランティド・リミテッド・ファンド」と呼んだ。このファンドについて初めて発表したとき、ニューヨーク・タイムズなどで大々的に報道された。一部の報道は遠回しに話がうますぎると伝えた。イギリスの大手新聞のある記者は同じページに出資金詐欺の記事を載せて、このファンドをからかった。私たちのファンドは明らかにこの記事の影響を受けた（マンの重役たちはこの新聞社を名誉毀損で訴えることも検討したが、代わりに編集者を昼食に招待して誤解を解いた）。それでも、元本保証型ファンドは販売を開始した初年度に七五〇〇万ドルを稼いだ。

私はいつも非対称的な機会を探している。そして、人生のあらゆる面で同じことをすることをあなたにも勧める。合併でＥＤ＆Ｆマンにファンドを売却したとき、私はこの会社に非対称レバレッジを提供していた。もっとも、当時はそういう言い方はしていなかったが。数年後、私はマン・グループのパートナーたち向けに、私たちが行ったことの理念や経済面を説明する文書を作った。数人のパートナー以外、この分析はまだだれも読んでいない。この報告書で、私はミントとマン・グループとの合併という非対称レバレッジの根底にある原則を要約した。少しだけ引用しよう。

非対称レバレッジは、従来のレバレッジからそれに比例したリスクを取り除ける利点があるという点で他に類がない……。

マン・グループによるミントの買収は双方にとって良い非対称レバレッジの例だ。マンの当時の価値は一億ドルを超えていた。買収に伴うリスクはわずか七五万ドルで、これはマンの純資産の一％にも満たなかった。彼らはミントの株の五〇％を買う機会があり、七五万ドルを失う可能性はせいぜい五％だった。つまり、実際のリスクは四万ドルで、しかもまったく損をしないという統計的な根拠が十分にあった。

ハイト、デルマン、マシューズの側から見ると、私たちは可能なかぎり最高の非対称レバレッジを得ることができた。それは時間と資金だ。私たちは五年という期間と自己勘定で運用できる数百万ドルを手に入れ、さらに最低でも確実にインカムゲインが得られた。

最初のパートナーシップを支えた構造的要因は次のとおりだった。

①トレードで負うリスクの確率が事前に決まっていた。

②先物の証拠金には短期国債の金利が付くうえに、マンはプライムレート以下で借りることができたので、安く資金調達ができた。

これらは元本保証型ファンドを支えた要因と同じだ。それらの要因によって、ファンドを初めて立ち上げたとき、二〇〇万ドルのキャッシュフローのうち二五万ドルのリスクがとれるようになった。このファンドは年末までに五〇〇〇万ドル以上の利益を生むだろう。これは当初の二五万ドルの投資――当時のキャッシュフローの一二・五％――の四〇倍のリターンだ。

私は非対称レバレッジを使った新しい戦略の提案について、パートナーたちに議論してもらうためにこの文書を書いた。私はミントと中東の金融機関との契約など、いくつかの例を挙げた。私たちは投資家のためにイスラム世界向けの一五〇〇万ドルのポートフォリオを構築し、ミントの資金をまったくリスクにさらすことなく、一カ月当たり利益の二三％を得た。

その当時からこれまでに学んできたことのうち、ミント・ファンドを世界最大のＣＴＡにした非対称レバレッジは三つの要素から成る。だれでもこの要素を理解して、さまざまなビジネス、投資、信条、日常生活に当てはめることができる。

第一の要素は「時間」

人生ではたいてい（常にではない）、速く動くほど良い。しかし、最も良い機会を特定するための時間があれば、確率を高めることができる。これについては前の章で説明したが、非対称レバレッジの一要素として、時間がいかに強い力を持つかを詳しく見ておこう。私たちはファンドに元本保証型の仕組みを取り入れることで投資資金を五年間留め置くことができる。お金を増やすうえで、時間は特に強力なレバレッジになる。時間に余裕があれば、債券を満期まで保有できるし、トレードの機会も増やせる。五年間は比較的長期だったが、投資家は引き換えに私たちが提供するもの――リスクなしで利益が得られるという夢の組み合わせ――のおかげで、喜んで私たちに時間を提供してくれた。

第二の要素は「知識」

確率を知らなければ、知的な賭けはできない。本書をここまで読んできた人ならば、何を決めるにも確率を知っておくことがいかに重要か分かるだろう。しかし、ゲームを知っておくことにも役割がある。ミントでは、私が一〇年間のトレード経験で得た知識を提供した。私は優秀なパートナーたちも連れていった。彼らはほかのトレーダーがまだ使っていない統計やコンピューターに関する必要な知識を提供した。彼らがいなければ、ミントの成功はなかっただろう。今では、私は間違いなく人を信頼できるようになった。

知識を利用した非対称レバレッジの最も優れた、そして最も有名な例の一つはマイケル・ルイスの『マネー・ボール』（早川書房）とブラッド・ピットが主演した映画で語られているように、ビリー・ビーンがオークランド・アスレチックスを運営して勝利に導いていくストーリーに見ることができる。ビーンが一九九七年後半にアスレチックスのゼネラルマネジャーになったとき、そこは成績も給与も最低の球団の一つだった。その当時まで、ほとんどのスカウトは主観的な基準で有望な選手を探していた。彼らは「顔」（ハンサムな顔つき）、一六〇キロの「速球」、「確実なヒット」などの資質のいくつかを満たす選手を探していた。ビーンは、そんなものはデタラメだと信じていた。彼はパフォーマンスを数値で測れると知っていて、才能ある選手を獲得するための統計手法を最初に作り、ゲームに革命を起こした。

すでに本を読んだか映画を見た人なら、ビーンがこれまでにした最も重要な決断の一つはハーバード大学で経済学の学位を取った人をアシスタント・ゼネラルマネジャーとして雇ったことだ、と知っているだろう。ビーンとポール・デポデスタは、選手のパフォーマンスを分析するためにセイバーメトリクスという分析法を導入した。ほかのチームが見逃しているために安い年俸で雇える選手の多くは、出塁率の高さや三振が多いものの長打率が高いなど、注目されないスキルを持っていた。アスレチックスは出塁率や長打率で徐々に優位に立つようになり、フリーエージェント（FA）のトップレベルの選手に多額の契約金を支払った多くのチームを上回るようになった。分析によると、数字が大きく異なる二人の選手が同等の成績を残せることが示された。それがビーンの非対称レバレッジだった。

彼は斬新な知識を用いることで、「だれもが主観的な判断をしていたビジネスにおいて、合理的で客観的な判断」をすることができたと語っている。アスレチックスは一九九九年から二〇一四年までに八回プレーオフに進出した。ビーンはこれを、年棒は抑えながら膨大な知識で実現した。

今日では、野球の全チームだけでなく、NBA（全米バスケットボール協会）でも分析に基づく手法を用いている。ほかのチームも同様の戦略を使い始めたため、ビーンの非対称レバレッジは衰えた。

しかし、数字に基づく分析という彼の革命的手法は衰えなかった。その後、ビーンは九回のうちの七～八回を一人の先発投手に投げさせるというこれまでのやり方に疑問を持ち始め、非対称レバレッジを別の形で用いた。多くの先発投手が致命的な負傷をしてきたこと、先発投手になれそうな人材があまり多くないこと、投手が多額の年棒を要求することから、チームは先発投手のケガを防ぐために、一試合の投球を一〇〇球以下にするという新しい方法に少しずつ移っていった。最も優れた医学研究もこの方向を支持していた。ビーンや数人の幹部はこの傾向が長く続き、試合運びが完全に変わりそうだと気づいた。彼は「後半」の投手に投資をして、良いリリーフ投手を多く獲得した。野球界では、リリーフ投手が先発投手や「エース」よりも地位や価値が低いという見方が長い間支配的だったため、彼らの年俸は安かった。分析に関する知識や主観を排した手法によって、彼は新たに非対称レバレッジを得ることができた。彼は先発投手に使う経費を減らして、トップレベルのリリーフ投手にもっと投資をした。だれも使っていなかった独自の知識と戦略を活用した管理手法のおかげで、アスレチックスは野球界で最高の話題を提供し続けている。

第三の要素は「資金」（自分のお金ではなく、他人のお金）

資金があれば、時間を稼げて知識を買うことができるので、長期的には勝率を高めることができる。そして、最初の二つの要素の利点を生かせる。私たちの元本保証型ファンドでは、自己資金ではなく五年物国債で得られる利息を活用した。すでに述べたように、ＯＰＭ（他人のお金）を使えば、富を築くのに大きなレバレッジが得られる。私たちはＥＤ＆Ｆマンから提供された資金を使ってミントを設立した。

一九九四年にマンは上場した。マンとミントは別の道を歩み、私の人生のイギリス時代は終わりを告げた――少なくともしばらくは。しかし、他人のお金を二〇年間運用したあと、人の顔色をうかがう仕事はしたくなかった。上場企業で働けば、より多くの人々を満足させる必要がある。

私は事前に許可を求めたりアイデアを売り込んだりすることなく、それらを検証して実行したかった。アセットマネジャーとして二〇年間働いてきたので、今後は自己資金の運用と自分のアイデアの調査と少数の友人や支持者の助言に専念したかった。同じ仕事を二〇年間続けた経験がある人なら、それがどんなに利益が上がるものだとしても、おそらく新たな挑戦をしたくなるか、会議にあまり出たくなくなるだろう。マン・グループが上場したとき、当時のＣＥＯだったスタンレー・フィンクは私に経営を手伝ってほしがっていた。しかし、私は管理よりも調査のほうを好んでいたので、申し出を断った。その決定で、私はおそらく一億ドルからゼロが一つか二つ違うほどの損をしただろう。

私はこの本の最初のほうで、自分がどういう人間か知ることを勧めた。私は独立して、お金儲けの新しいアイデアを自由に考えられるようになれたのが一番幸せだと気づいた。一九九四年にアメリカに戻って、個人資金の運用に集中するときがきた。最終的には、私のパートナーも従業員も私もみんな、大成功した。

私はあなたが自分の人生において、自分なりのやり方と自分の時間を使ってそうした成功をしてほしいと思っている。一億ドルは稼げなくとも、十分に良い賭けをすれば、長期的には勝率を高められる。読者の多くにとって、最初から一〇〇万ドルの資金を用意するのは難しいだろう。次の章では、私の方法を用いる際のアドバイスを順を追って説明する。これはどんな投資家でも実行できる手順だ。

第7章

どうして私の哲学があなたの役に立つのか

――ルールを当てはめる

成功してとても良い点の一つは、他人を助けられるようになることだ。とはいえ、（いつものことだが）株の耳寄り情報やトレードの具体的な助言を求められても、そういう方法ではうまくいかないと答えるしかない。私のトレードシステムを断片的に教えることはできない。一方、トレードについての私の哲学は間違いなく、投資初心者にも小口投資家にも大口投資家にも役に立つ。ミントを去って以来、富を築く方法について学生や若者に話をするのは非常に満足できるものだった（心配しないでほしい。あなたが五〇歳でも役に立つ！）。

私のトレンドフォローの基本的な手順に興味がある人のために、この章の後半でそれを紹介する。

まずは、大事なことから始めよう。

最初の資金はどうやって作るのか

前章で述べたように、私はまずカリフォルニアで取引をして一〇万ドルを稼いだ。この資金のおかげで、ミントを立ち上げていた時期の生活費と事業経費をまかなうことができた。おそらく、若い投資家はこれを読んで、一〇万ドルどころか一万ドルを集めるのも無理だと思うかもしれない。あなたにふさわしい言葉が二つある。欲求と計算だ。

一・欲求

最初の投資資金を集めるとき、最も強力な言葉は「欲求」だ。望むならば「必要」と言ってもよい。必要は欲求を生むからだ。思い出してほしい。私には妻と赤ん坊がいて、お金がなかった時期があった。私がカリフォルニアで取引をし、ロンドンで取引先を探し回ったのは、お金を作る必要があったからだ。欲求の強さこそが人を駆り立てる。これに関しては、自分の内面と向き合わなければ平凡な結果しか得られないということ以外、あまり言うことはない。

二．計算

お金儲けのために高等数学は必要ない。ただ計算をする必要があるだけだ。計算によって、最初の大金を作ることができる。

ご存じのように、私はお金がまったくないところから始めた。しかし、最初に一万ドルをためたあと、家族や友人から資金を集めて一〇万ドルの投資資金を作った。そして、投資家に二〇％の成功報酬を請求した。これはファンドの利益が例えば二〇％だった場合、私が最初に投資した一万ドルの資金の五六％（一万ドル×二〇％＋九万ドル×二〇％×二〇％＝五六〇〇ドル）の利益を得ることを意味する。実際には、私はそれよりもはるかに多くの利益を出した。これが計算の力だ。

しかし、最初の一万ドルをどこで手に入れるのかと尋ねる人もいるだろう。

今の自分の収入を計算しよう。その収入の九〇％で生活をして、残りの一〇％を投資するのだ。もう分かったと思う。金融アドバイザーがいつもこう言っているのを聞いたことがあるはずだ。しかし、これを実践する人はほとんどいない。一つ例を挙げよう。私の友人のなかにはボーナスを給料の一部として当てにしている人がいた。彼らはそれを三万ドルのバルミツバー（ユダヤ教の成人儀式）などの支払いに使っていた。しかし、ボーナスという単語の意味を調べても、これは給料の一部ではなく、特別手当だ。そして、もしもボーナスを生活費に使っているのなら、その人は給料の一一〇％で生活している可能性がある。これはあまり良い計算ではない。

もう一つのやり方は副業を持つことだ。一万ドルをためて、そのうちの五〇〇〇ドルを賭けよう（投資する前に予備費を残しているか必ず確認すること。予備費とは三～六カ月の生活費がまかなえるくらいだ）。

これに初めて気づいたのはまだ子供のときで、私はいとこと浜辺にいた。二人でアイスクリームを売るつもりだったが、私は飽きたので、いとこの仕事が終わるまで、ぶらぶらしていた。すると、ほかの子供たちがポーカーをしているのに気づいた。私はほとんど目が見えなかったが、数えると一〇人いて、それぞれが一ドルを賭けていた。私は思った。自分も一ドル持っている。カードを見て計算をしたら、一〇ドル勝つチャンスがある。

計算するだけでお金を儲けられるとは信じがたいだろうが、それは本当だ。保険会社や銀行など、多くの企業は実際にそうしている。広告会社でさえ、広告を出すと数字を使って追跡や検証をするからだ。彼らは何がうまくいくかを確かめるために計算をする。ミントでは、コンピューターが計算をした。私は眠っている夜でも、常にコンピューターを動かしていたかった。ウォーレン・バフェットがかつて言ったように、「眠っているときにお金を稼ぐ方法を見つけなければ、死ぬまで働くことになる」。

私は金利を計算して大金を稼いだ。実際、私の成功の多くは負債を賢く利用して、そのために支払う費用と得られる利益との差を計算することで成し遂げられた。大学の授業中に、先物取引の丸代金のわずか五％しか現金を用意しない人々を教授がバカにしたとき、ほかの学生はみんな笑っていた。だが、私はそのとき計算をしていた。そのおかげで、商品市場では五〇〇ドルあればトレードができて、一万ドル稼げると分かったのだ。

自分がいくら持っていて、いくらまでの損なら許容できて、いくら儲けられるかを常に計算しよう。計算が理にかなっていると分かったら、適切な資金を用意して賭けよう。計算は考えるための道具だ、ということを覚えておこう。ナポレオン・ヒルは、「思考によって、お金持ちになれる」と言った。

上手なギャンブラーと下手なギャンブラーの違いは何だろうか

上手なギャンブラーは負けているときに賭けを減らし続ける。
下手なギャンブラーは損を取り返そうとして、賭けを増やし続ける。

リスク管理がすべて

相場は私の味方ではない。相場がどう動くか、私には分からない。しかし、いつ、いくら賭けるかは自分で管理できる。基本ルールその一は、どれだけの損なら許容できるか、だ。この質問に答えられるまでは一回もトレードをしてはならないし、どんな賭けもしてはならない。自分自身のことや自分の問題処理能力、損に対する感じ方は本人にしか分からない。しかし、何があろうと、一文なしになりかねないような賭けをしてはならない。ミントで使ったそのほかのリスク管理手法をいくつか書いておこう。これらは大口投資家にも小口投資家にも当てはまる。

●最悪のシナリオを基準にする　私はいつでも、自分が何をリスクにさらしていて、いくらまでの損なら許容できるのかを頭に入れておきたい。

●どのトレードでも、資産のほんのわずかな割合しかリスクをとらない　ミントでは、一トレード当たり総資産の一％以上のリスクはけっしてとらなかった。繰り返そう。一トレード当たり一％までだ。

●幅広く賭ける　分散して、さらに分散する。分散したトレードが実は同じ種類のものではないか確認すること。私たちは数十銘柄をトレードした。今日では、もっと幅広い銘柄に分散できる。

●トレードプランから外れない　ほかの優れたトレードシステムと同様に、私たちのシステムも健全な原則と調査に基づいて構築されている。しかし、私がこのシステムを二〇人にあげても、ほとんどの人は失敗するだろう。ほとんどの人にはシステムに従う規律がないからだ。正月にダイエットを始めて半月もすると、あきらめる人々のようなものだ。

自分のトレードシステムに従えば毎日、利益が出るのなら、それに従い続けるのは簡単だろう。だが、常に正しくて、常に利益が出るシステムなど存在しない。トレンドフォロー型システムでもほかのシステムでも、それは同じだ。思い出そう。賭けには四種類ある。「良い賭け」「勝つ賭け」「悪い賭け」「負ける賭け」だ。良い賭けを一〇〇〇回続ければ、やがて勝つだろう。どれくらいの時間がかかるだろうか。それは分からない。そのため、自分のシステムを使っていて、損失が発生した場合にどうするかを事前に決めておく必要がある。ほとんどの人は損失に対処できない。彼らは困難な時期にルールをいじくり回したり、ねじ曲げたり、変更したりしようとする。たいてい、こういうことをするのは非常に賢い人々、自分の高いＩＱにこだわる人々だ。最もすべきでないことは、あなたがパートナーたちに会って、「この六カ月、損が出続けている。どうしたらいいだろう」と言わなければならない事態に陥ることだ。

自分の生活費の心配をしなくても済むときならば、どんな危機に遭遇しても良い決断を下せるだろう。ポーカーでチップが足りず、家賃に充てるべきお金でプレーをしている人は負けるだろう。びくびくしているときに合理的な判断はできない。

みんなも知っているように、投資家は感情に惑わされて悲惨な結果を招くことがある。マン・グループの時代に戻ると、同僚の一人はかつてイギリス陸軍の大佐だった。彼は爆弾処理班という世界で最もストレスがかかる仕事を専門としていた度胸のある人だった。

私は彼に「どうやって処理していたんだい」と尋ねたことがある。

彼は言った。「そんなに難しくなかったよ。爆弾にはいろいろな種類がある。マレーシアの爆弾は中東の爆弾とは異なる。現場に行って、どういう爆弾かを見て処理するんだ」

私は尋ねた。「ちょっと、聞きたいんだけど。自分の知らない爆弾に出くわしたときは、どうするの」。彼は私をじっと見て、「第一印象を記録して、それが自分の最後でないことを祈るんだ」と言った。

ある日、オフィスに入ると、度胸があるこの人が泣きそうな顔をしていた。私は彼にどうしたのかと尋ねた。結局、ＦＲＢ（連邦準備制度理事会）が大幅な政策変更をしたせいで、市場のメジャートレンドの多くが劇的に転換したのだと分かった。私たちのファンドは当初一〇ドルの価値が一五ドル近くになっていたが、スイスのある大手銀行を顧客にした直後に一二ドル以下まで下がった。

私は彼に「そこに電話をして」と言った。

「えっ?」と、彼は戸惑い気味に聞き返した。私は大げさにゆっくりと、「そこに、電話を、して」と繰り返した。

私はブローカーだったときに上司から、「お客さんが損をしているときに君が電話をしないと、ほかの人が電話するよ」と教えられた。正直に言うと、ブローカーをしていたとき、私も同じことをしていた。つまり、見込み客に電話をかけたときに、彼らが利用しているブローカーについて不満を漏らすと、私は「ほう、その人はどうしてそんなトレードをやらせたのですかねぇ?」と、とぼけたものだ。

そういうわけで、私はその顧客に電話をして、「私たちのシミュレーションでは、この種のイベントが数年に一回発生しますが、ファンドは九カ月できっとまた新高値を付けますよ」と説明した。「実を言うと、私自身もファンドへの投資を増やすために借り入れをしたところなんです」と私は言った。「本当にそうしたんですか?」と、相手は驚いた口調で尋ねた。私は「本当です」と答えた。

さて、その顧客は投資額を二倍に増やし、ファンドの価値はすぐに急騰した。そして、そこはミントで最大の顧客の一社になった。どうして私がそれほどの確信を持てたのか。

私は自分たちのシステムがどういうものか知っていた。このビジネスの非常に良いところは、明日どうなるかは分からなくても、長期的にはどうなるかがかなりはっきり分かるところだ。

ミントのトレードシステムは常に正しい判断をすることを最優先にはしていなかった。負けたときに大負けせず、勝ったときには大勝ちすることを優先した。しかし、結果として、私たちはよく間違えた。これを理解し予想していたので、顧客に知恵を授けたのだ。あなたが良いシステムを持っているのならば、自分の勝率を調べて、どれだけの損なら許容できるかを決めたら、相場がポジションに逆行してもシステムに従うべきだ。ミントを経営していた時代にマイケル・デルマンは、「人が決定を下すたびに失敗の機会が生まれる」ということを好んで言っていた。私たちが成功した主な要因はこのシステムを考案して、私たちの日々の判断や意思決定能力に依存しないようにした点にあった。私たちは全員、このシステムの指示を取り消すことはできないという同意書に署名した。システムに判断を任せると、解放された気分になった。

また、ボラティリティ（変動率）は必ず追跡しなければならない。変動が大きな相場や景気後退は急激に広まるため、専門家でもだまされることがある。相場の変動が非常に大きいとき、私たちはトレードをやめて手仕舞う。私が以前、時間について書いたことを覚えているだろうか。トレーダーの有利な点はいつ賭けるかを選択できるところにある。適切な状況でなければ、手仕舞おう。常に勝ち組に賭けよう。

損を切って利益を伸ばす――トレンドを見つけて追うメカニズム

これまでに、トレンドフォローの基本的な考え方と、どうすればこのシステムを愛と人生で使えるかを説明した。これは本書で最も重要な教訓の一つだ。来る年も来る年もうまくいかない結婚や仕事やビジネスにしがみつくのはやめよう。そこから離れて上昇トレンドを探し、そのトレンドが続くかぎりそれに乗っていよう。素晴らしい配偶者と一緒にいよう。上り調子のビジネスにもっと投資しよう。とても良さそうではないか。そして、パターンがはっきりしているときには、これが良いことはだれでも分かる。だが、世の中は山あり谷ありだ。どうやって、それらを測ればよいのだろう。

株や商品の上昇や下落を特定するのは難しくない。最も基本的な方法の一つは「移動平均線」を使うことだ。これは選んだ特定の期間――通常は一〇～二〇〇日――における資産価格の平均だ。私は株や商品の動きをこの方法で特定する。

期間はどうやって選ぶのか。例えば、二〇日や三〇日という短期移動平均線を使えばトレンドを早く示してくれるが、凹凸が多くなる。二〇〇日移動平均線はトレンドが反映されるまで時間がかかるが、安定している。売買シグナルを点灯させるトレンドの強さについて、ルールを決めるのはあなただ。実行しよう。ただし、一般的には、上昇トレンドか下降トレンドかをより早く示す移動平均線を使ってトレンドを見逃さないようにするが、ただの一時的な逆行ではなくて、本当のトレンドをとらえられる程度には長期にするのがよいだろう。

私は二〇〇日移動平均線の上昇で株を買って、下げ始めるまでトレンドに乗り続けて、事前に設定した許容水準まで下げたら手仕舞うかもしれない。私は含み損を膨らませ続ける気はない。私は損するためにトレードをしているのではない。

この原則はさまざまな投資シナリオに当てはまる。例えば、退職後のためではない株式ポートフォリオで、五％以上の損は出せないとする。その場合、ポートフォリオ全体で五％の損が発生する水準に達したら、下げているすべての株を売ればよい。これが「最悪」から身を守るルールだ。

あなたは資産の何パーセントをリスクにさらしているだろうか。どれだけ裕福かは関係ない。人間は感情的であり、プラスにであれマイナスにであれ、資産が大きく動くと、思い込みに影響されがちになる。そのときに問題が生じる。利益を伸ばすということは、利食いの逆指値に引っかかるまで売る必要はないという意味だ。トレンドに乗っていよう。しかし、相場が売りを指示したら、大金をもたらしている素晴らしい投資であっても、執着してはならない。損切りの逆指値を置いておくということに決めたら、プレッシャーを感じてパニックに陥ったり発作的に動くこともなくなる。

いつ相場に戻ればよいだろうか。移動平均線が良い買い時と告げたときだ。逆も当てはまる。トレードが順調で逆指値を置いているのならば、その銘柄はそっとしておこう。トレーダーや投資家として私が学んだなかで、ほとんどの人にとって最も難しいことは利益を伸ばすことだ。

オプションと損切りの逆指値の基本

人々は、トレードは非常にリスクが高いと信じている。しかし、身を守るために使える簡単な道具がある。株式や商品を買うときには損切りの逆指値を置けばよいのだ。そうすれば、事前に許容できると判断した損失水準まで価格が達したら、自動的に手仕舞いさせられる。

私は「トレーリングストップ」を置くのを好む。これを使えば、損切りの水準を調整できるからだ。この調整は非常に重要だ。一〇〇ドルで何かを買って、二％下に逆指値を置いた場合、二ドルの損なら許容できるという意味だ。その資産が九八ドルまで下げたら、そこで売られて終わりとなる。だが、最初に一一〇ドルまで上げたら、どうなるだろうか。トレーリングストップを使えば、一〇〇ドルではなく、一一〇ドルから二％下まで下げたときに自動的に売られる。これで損を限定できるだけでなく、含み益をより多く維持できるようになる。

損を限定するもう一つの方法は、オプションを買うことだ。商品でも株式でもオプションを買う場合、一定期間中に一定の価格でその資産を買う権利に対してお金を払うが、買う義務はない。

なぜオプションを買うのか。価格がどう動くか分かると思っているからだ。オプションを買うということは、基本的にあなたはルールを作っていることになる。例えば、ある株を一株二〇〇ドルで買える、満期が三カ月後のオプションに二〇ドルを払ったとしよう。株価が三〇〇ドルまで上げて、あなたは買う権利に二〇ドルを払っている。そこで、権利を行使して株を買い、五〇％の利益を得る。オプションを使うと、価格と時間という二種類のリスクを負う。株のオプションは非対称レバレッジの見事な例だ。コストはあまりかからないが、非常に大きな利益が得られる場合もある。

損切りの逆指値は劇的でもわくわくするものでもない。だが、お金を稼ぐのに劇的な盛り上がりが必要だろうか。

悪い賭けで調子に乗りすぎない

損切りの方法を学べば、投資で困ったときに危険で違法な行為に頼りたくなることもない。インサイダー取引という犯罪のことはみんな何かで読んだことがあるだろう。インベストペディアでは、「証券に関する重要な非公開情報に接することができる人物による証券の売買。この取引は、インサイダーがいつ取引を行うかで違法かどうかが変わる。重要な情報が非公開のときに取引を行えば違法になる」と定義されている。こんなことをするのは愚かだ。

①その情報が本当かどうか分からない。

②違法なので、刑務所行きになることもある。

インサイダー取引で逮捕された人々の記事はいつでも見つかる。私にとって、インサイダー取引は最悪の賭けの一つなので、絶対にやりたいとは思わない。これは途方もないリスクだ。第一に、通常は情報を検証できない。これが一番大きい。第二に、道徳的かどうかは別にしても、刑務所行きになるため、リターンに対するリスクは劇的に高まる。これはまったく無謀な行為だ。

利益を伸ばす方法

ニュージャージー州サミットに引っ越したとき、私たちはまず質素な家に住んだが、より大きな家に移っていき、最終的に三〇〇坪の家に引っ越した。そこで妻のシビルと私は二人の娘を育てた。それは申し分のない家で、そういう家に住むのは私の夢だった。覚えているだろうか。子供のころ、私たちはアパートに住み、オーシャンアベニューとアベニューVから窓の外の壁を見ながら育った。子供時代の大半は自分の寝室さえなかった。現在の家には地下の温水プールと広い芝生と多くの部屋がある。お気に入りは書斎で、映画「ゴッドファーザー」に出てくるドン・コルレオーネのオフィスによく似ていた。

私は子供のころ親に言われていたように、両親のためにフロリダ州ハリウッドにアパートを買った。そこには親戚がいて、そのアパートはお金持ちの叔父が住む棟の隣の棟にあった。父は質素な住まいを望んでいたが、私はダメだと言った。ブルックリンから来た母の友人たちはみんなその地域に引っ越していた。母にとっては、彼女たちの近くに住んで、同じ水準の暮らしをするほうが良かった。母親たちは父親たちよりも恐怖心が強いうえに、私の母は大恐慌を経験しているので、恐怖心がとても強かった。

父が亡くなると、母は定期的に私たちのところを訪ねてきて滞在した。あるとき、母は夕食後に私の書斎に立ち寄った。

母は言った。「ちょっと、ラリー。あなたは確かに成功したけど、これは商品取引でしょう。これは危険だわ。それはだれでも知ってることよ。あなたはもう十分にお金持ちなのだから、もう仕事は辞められるでしょう」

そもそも、自分が何をしているのか分かっていれば、それは思っているほど危険ではない。しかし、それがうまくいきすぎると、多くの人は対処できない。私は、これは貧しい人々に広まっている間違った通念だと気づいた。

私は母を見て、彼女の言葉について考えた。そして、言った。「親戚のなかで最も裕福な人はだれだろう」

「それはあなたよ、ラリー」

「それが続いてほしいと思ってる？」

「もちろんよ」と、彼女は言った。

「では、ぼくはどうしたらいい？　親戚の人と服飾事業をする？　ぼくがその仕事をしているところを想像できるかい？」。私は続けた。「お母さん、ぼくはこの仕事のことをよく知っている。ぼくは長年、これを研究してきたし、ぼくと働いている六人は博士号を持っている。定評ある専門家のぼくがその詳しい仕事を辞めて、服飾事業をする理由が、今までうまくいきすぎたからでは愚かすぎないだろうか？」

物事がうまくいきすぎる場合、実際にそうなのだろう、と母はよく言った。だが、私はそういう見方はしない。私は、「賢くなって楽しもう」と言う。失読症で目は不自由、運動と勉強が苦手だった子供が、今では三〇〇坪の家に住んでいる。世界はあなたが思っているよりもはるかに良いのかもしれない。

私に起きたことはすべて私が幸運なやつだったからだ、と言う人もいるだろう。そうかもしれない。だが、私が成功したのは賭ける勇気があったからだ、と自分では思っている。そして、賢い賭けをするだけの知性があったからだ。私には目標と計画があった。私には素晴らしい想像力があった。いつ仕掛けて、いつ手仕舞い、いつ増し玉をすべきかを指示する取引モデルを構築するアイデアがあった。しかし、私が成功したのは、とりわけ相場でお金を稼ぐことを楽しんでいるからだ。事実を計るには一定の尺度がある。私はそれを考え出したり、自分のアイデアを実行に移せる人を見つけたりするとわくわくする。お金は自分の考えが正しかったという証拠だ。

もちろん、私は母の問いを尊重し、ときどきはそれについても考えた。

奇妙なことに、このことがあって数週間後に、当時一五歳でとても賢かった末娘がドン・コルレオーネの部屋に似た書斎に入ってきて、「お父さんは大成功していて、とても誇りに思うけど、もう十分だと思わない？」と言った。明らかに、彼女も母親と同じことを恐れていた。私の妻と私はどちらも一人っ子だった。私は娘たちを甘やかし、だれからもいじめられないように守りながら育てた。

当時、私たちはしばらく話をして、彼女の祖母に言ったことを説明した。私はほかに得意になりたいと思うものが何もなかった。でも何よりも、何かが得意だからといって、それをやめるべきだということにはならない、と私は言った。人はうまくいっているかぎり、それをやり続けるべきで、それが私のやっていることだ。

私は富にとらわれなくなったことに気づいた。私が築いたお金の山は富を生み出すシステムが機能した結果だ。富の大きさはあまり重要ではない。あなたが誠実さと知性で富を築いたら、うまくいくかぎり、それを続けよう。あなたが寛大で家族を大事にしているのなら、うまくいくかぎり、それを続けよう。あなたが税金を払い、稼いだお金を恵まれない人々に分け与えたければ、うまくいくかぎり、それを続けよう。

ユダヤ教徒やカトリック教徒であることには悪い点があると私は気づいた。これらの信仰で育てられると、罪悪感を持ちやすい。物事があまりにもうまくいくと、自分にその資格があると思えなくなる。若いころ、私は成功を受け入れる心の準備ができていなかった。私は成功にどう対処してよいか分からなかった。だが、時がたつにつれ、人生は人が期待するよりも良い場合があると分かるようになった。あなたとあなたの家族や友人も同じであってほしい。

第8章

そして、私の投資哲学は機能し続ける
——次世代

ミントを去ったあと、私は自己資金の運用をした。そして二〇〇〇年に、家族の資産を運用するためにハイト・キャピタルを設立し、少数の個人客にもサービスを提供できるようにした。これによって、自己勘定取引とシステムトレードの研究開発を続けることができるようになった。当初、私は顧客を持たないことを目標にしていた。顧客を抱えると、リスク調整後のリターンを最高にするうえで足かせになることがあるからだ。顧客は投資対象を選ぶのと同じくらい慎重に選ぶ必要がある。私は新しいアイデアを生むために、以前よりも刺激的で創造的な環境が欲しかった。そこで、私は仕事を手助けしてくれるチームを雇うことにした、それはとても賢明な判断だった。

私はミントで一〇年以上、調査部長を務めたアレックス・グレイザーマンを雇った。彼はトレード戦略の研究開発、ミントの資産管理、ポートフォリオ全体のリスク管理を担当していた。当時、彼はラトガース大学で統計学を勉強していて、やがて博士号を取った。彼は条件付き確率の定理を作ったイギリスの統計学者であるトーマス・ベイズ牧師についで教えてくれた。一組のカードでスペードのエースを使って確率を説明すると、カードが出る確率は五二分の一になる。複数組のカードを使えば、確率は複数の市場での取引の場合と同様に変化する。ベイズ統計学では、変化する環境では平均を使う必要がある（例えば、野球の打率はベイズ統計だ）。グレイザーマンのおかげで、市場のトレンドに確率を割り当てるという新戦略が使えるようになった。

ギルバート・リーも加わった。彼はミントとマン・グループの上級調査アナリストで、投資戦略を立て、五〇〇〇万ドルを超える資金の運用をしていた。私たちは再び集まり、仕事を楽しんだ。もちろん、同じ理念とシステムを用いたが、このチーム以外は同じ考えを持つ少数の選ばれた顧客しかいなかった。

ミントを去ってからの私の人生は、私とともに仕事を始めて、大いに成功した数人の若者と切り離せない。彼らは知的で、学ぶ意欲があり、お金を稼ぎたがっていた。彼らとは今も親友だ。そして、彼らは人々とともにトレンドに乗る良い例だ。

多くの優秀な若者が大学を卒業して、すぐに私と仕事をしてきた。彼らが私のところで働き始めた初日に、私はよく、「さて、君がウォートン校で学んだことを教えて……」と言い、会話をした。

それから、彼らが大学で学んだことの多くは間違っていると伝えたものだ。これは、市場は効率的だという信念に基づくすべての理論と経済思想を意味していた。私は彼らにそれらすべてを忘れるようにと言った。そして、私が相場で勝てるのは、自分が何も知らないということを知っているからで、私が有利なのは定量分析の分野で正式な教育を受けていないからだと説明した。今日まで、私はいつも彼らの驚いた顔を見るのを楽しんできた。

そんな若者の一人が、私の弁護士であるサイモン・レビンの息子のマイケル・レビンだった。彼はイギリスのエクセター大学とペンシルバニア大学ウォートン校を卒業したが、まだ大学生だった一九九〇年代初めにインターンとして私の下で働いた。彼は有望そうだった。

彼は簡単な仕事をしてコーヒーと昼食を出してもらうほかに、調査をして私に株の推奨をするという機会を得た。彼が見つけた銘柄にスチューデント・ローン・コーポレーションがあった。ここはシティコープが大株主の銀行で、連邦政府の仲介者として学生ローンを保証していた。

彼の調査によると、大学ローンの需要は増加傾向にあり、この会社は政府が推奨する仲介業者だった。私は彼が出した数字やトレンドを確認して、その銘柄に一〇〇万ドルを投資した。そして、どうなるか様子を見ようと言った。株価は五〇%、七五%、そして一〇〇%の上昇を示した（もちろん、これほど大きく上昇するとは予想もしていなかった）。彼は才能ある若者だったので、大学を卒業したときに、彼にある仕事を提案した。彼は投資銀行に入りたがっていたが、私は彼に投資用の資金と利益の一部を与えると言った。「君が自分に賭ける気があるのなら、私は君に賭けるよ」

彼は一九九五年から一九九九年まで私のところで働いた。その後、彼は自立したいと言った。彼には世界最大のベンチャーキャピタル会社を作るという夢があった。ご存知のように、私は夢の力を信じている。私は彼を信じていたので、彼の夢をかなえるために、五〇〇万ドルを投資した。マン・グループも同じ金額を投資した。

私がハイト・キャピタル・マネジメントを設立したとき、マイケル・レビンとポール・リジアックにオフィスを使わせた。彼らはひどい時期に新事業を立ち上げた。一九九〇年代後半のハイテクバブルは一九九九年にはじけて、極めて過大評価されていたハイテク株はすべて暴落した。マン・グループで働いていた人々は、「みんな、頑張ってくれてありがとう。でも、もう続けなくていいよ」と言われて、当然の反応をした。厳しいだろうか。でも、それが現実だ。

彼らは若かったので、あきらめようとしなかった。彼らは人々に投資をしてもらっていて、その人たちとの約束を果たしたいという思いが強かった。私はレビンに言った。「戻ってきて、ハイト・キャピタルに関する助言をしてくれないか。君には給料を払うし、投資も続けていい。君には自分で生み出した利益の一〇％を渡そう」。私は彼に、したいことは何でもしてよいが、どれだけのリスクをとるつもりかは必ず教えること、というルールを課した。

最初は不安定だった。彼らのファンドは投資した会社のうち、どこを残してどこを切り捨てるかを決めなければならなかった。しかし、結局は彼らに投資をする価値があった。一九九九年に設立したファンドは二〇〇七年には、投資家の資金を三五〇〇％まで増やした。

現在、レビンはクレディ・スイスでアジアの資産管理の責任者になっている。彼に賭けたのは正解だった。彼はマンが設定した運用停止水準まで資金を減らしたことはあったが、私が課した運用停止水準まで減らしたことは一度もなかった。

だが、この話には私が大好きな要素があった。それはレジリエンスだ。マン・グループはレビンとリジアックに世界金融センターの二七階にあるオフィスの使用を許可していた。彼らはアメリカ同時多発テロが起きた二〇〇一年九月一一日も、そこを使っていた。その日の恐怖について、ここで繰り返す必要はないだろう。建物は攻撃のせいで損傷したが、構造が破壊されるまでには至らなかった。二人には書類とハードディスクを取り戻す方法がなかった。当時はクラウドコンピューターもほかのコピー手段もなかった。建物がいつまで閉鎖されるかも分からなかった。彼らは若かったので、会社に顧客対応のバックオフィスはなかったし、顧客と連絡を断つわけにもいかなかった。私の友人が建物に入る方法を知っていた。バックパックを持った私たち四人は二七階まで上り、必要な書類を運べるだけ詰め込んだ。それで、彼らは新しい場所で事業を始めることができた。

ビクラム・ゴクルダスは、私が運良く指導できたもう一人のトレンドフォロワーだ。彼はミントでプログラマーとして働き始め、アナリストの仕事に移った。彼には学習意欲と向上心があった。オフィスで組織に変更があるたびに、彼は文句を言わずに挑戦した。彼は現在、私のために数百万ドルを運用している。それで、私がどれだけ彼を信頼しているか分かるだろう。ここにパターンが見えるだろうか。有望な人に賭けると、報われるのだ。

人々に対する賭けということになると、ビジネスの世界の多くでは、ルールはそれほど簡単には当てはまらない。人々がうまくやっていて、事業を成功させているときでさえ、長期目標ではなく短期目標を達成するために解雇されることもある。周りに良い人がいるときには、あなたの期待に応え、期待以上の働きをする機会を彼らに与えよう。ただし、人は完璧ではないので、完璧を期待しないように。

アレックス・グレイザーマンも私の下で育った若者だった。彼は旧ソビエト連邦で生まれ、一二歳のときにアメリカに来た。彼は大学で数学、統計学、工学を学んで、エンジニアの仕事を短期間していたが、金融の世界に入ることを夢見ていた。一九八九年に、私はデータ処理と数値計算を手伝ってくれるコンピューター担当者を探していた。一九九〇年の初めには、彼はその仕事に就いていた。

何年もの間、彼はミントでクオンツ（数理分析専門家）としてデータ処理をしていた。彼は私と多くの時間を費やし、確率とリスクについて私に相談をしていた。彼はやがて調査部長に昇進したあと、ハイト・キャピタルに移った。

グレイザーマンは私たちの取引システムについて、素晴らしい教訓を与えてくれた。彼は私たちの成功の秘密は、何を考えているかではなく、どうやって考えているかにあると知っていた。彼は早い段階に、忘れられないことを言った。彼は私が渡したデータからチャートを調べていた。数分後に見上げて、「あなたはポジティブミーン（平均が正）のゲームをしているんですね」と言った。

ほとんどの専門家はこれを「ポジティブサムゲーム（合計が正のゲーム）」と呼んでいる。若い投資家やトレーダーは、ウォール街の市場では利益と損失が等しい「ゼロサムゲーム」をしていると教えられている。一方、私たちのシステムでは、利益を生み出すことができた。

ハイト・キャピタル時代に、彼と私は詳細な調査をする時間的余裕があった。それは素晴らしい機会だった。私たちは過去の価格の大規模データベースを使って、さまざまなトレンドフォロー戦略を期間を変えて当てはめたときに、どういうパフォーマンスを示すかを夢中になってシミュレーションした。ハイト・キャピタルを設立したころ、私は投資家への報告書で次のように書いた。

それでも、博士号を持つ学界内外の多くの人々によって行われたこの広範な分析をもってしても、どの戦略が短期間にどれほどの利益をもたらすかを明確に特定することはできませんでした。しかし、極めて正確に分かることがあります。各戦略で、さらには戦略の組み合わせでどれだけのリスクをとっているかです。この知識があれば、どれだけのリスクをとると、過去にどういう結果がもたらされたかが分かります。したがって、とっているリスクに対して、より正確な予測ができるようになります。

数十年間のデータを使ったトレンドフォローの研究はたくさんある。グレイザーマンは私がカンボジアのアンコールワットで見た見事な遺跡の時代までさかのぼり、商品と株式投資の八世紀（そのとおり、八〇〇年間）のデータを分析して、トレンドフォロー戦略の年率リターンを計算するという驚くべき研究をした。

グレイザーマンとキャスリン・M・カミンスキーの著書『トレンドフォロー戦略の理論と実践――金融危機に負けない賢者の投資法』（パンローリング）では、次のように説明されている。

私たちは株式、債券、為替、商品の八四銘柄の月次リターンを使った。これらは一二〇〇年代から二〇一三年までのデータを利用できたからだ。代表的なトレンドフォローのシステムは、何世紀にもわたるこれらの銘柄の「トレンドフォロー」のパフォーマンスを表している……。任意の時点でトレンドが存在するかどうかを計算するために、このポートフォリオは少なくとも一二カ月のデータがある銘柄のみで構成されている。

素晴らしい。最低でも一年間のパフォーマンスが見られるデータで、八〇〇年以上にわたって八四銘柄を調べたのだ。そして、代表的なトレンドフォロー戦略は八〇〇年の期間で、年率ボラティリティが一一％、年率リターンが一三％だった。これはバイ・アンド・

ホールド戦略の四・八％をはるかに上回っている。

また、この研究によって、人間の本性について再確認ができた。人間は好景気やバブルを作りたがる。これは次の大きなイベントが正確にいつ起きるかは分からなくても、起きることは予測できるということだ。私はオランダのチューリップバブルの時期でも大金を稼げただろう。私たちの研究では、トレンドフォロワーはチューリップ相場でかなりの利益を出して、暴落のはるか前に手仕舞ったであろうことを示しているからだ。一九八七年のブラックマンデーと一九二九年の大暴落を見てみよう。この研究によると、一九二八年一〇月～一九三〇年一〇月にトレンドフォロー戦略を用いると九〇％のリターンが得られていた。

私が以前に書いたように、マイケル・コベルは彼の画期的な著書で、トレンドフォロー戦略は市場が厳しい時期でも良い成績を出せると、同様の発見を確認している。私たちの研究はほかのことも証明している。「ブラックスワン」――市場に混乱をもたらすと言われるめったに起こらない予測不能な驚くべき出来事――は常に起きてきた。グレイザーマンとカミンスキーがまとめているように、「危機的な時期にトレンドフォロー戦略がプラスのリターンだったのは、一九二九年の大暴落やオランダのチューリップバブルに限ったことではない。実際には、この戦略は歴史上の非常に困難などの時期でもうまく機能しているようだ」。

当時のもう一つのシミュレーションでは、「完全な知識」の価値を確かめたいと考えた。そこで別のモデルを考えた。報告書からもう一度引用しよう。

ポートフォリオの銘柄の年末の終値を知っていたらどうなるでしょうか。この問いに答えるために、データベースで特定の年の一二月三一日の価格を調べて、「この知識があれば、その年の一月一日に最も有利になるために、どれだけのレバレッジを使えたか」を問いました。年末の価格を完全に知っていても、そこに至るまでの変動を予測できないため、三倍以上のレバレッジは維持できないと分かりました。直観に反して達した結論の一つは、相関がない資産で複数の戦略を用いれば、リスクを減らすためにレバレッジを利用できるということでした。ポートフォリオの標準偏差を大きく下げることができるため、リスクを減らせるのです。

市場行動を最も厳密に予測しようとしても、人間の野心や、確かな事実よりも魅力的なストーリーのほうを信じたいという願望のせいで失敗する。これは人生で繰り返し経験することだ。

名前に何が入っているのか。二五ドルがどうやって二〇〇万ドルになったのか

グレイザーマンとレビンは私のキャリアのなかで大きな非対称レバレッジの動きの一つがうまくいくように手助けしてくれた。一九九四年に、グレイザーマンは当時手に入るドメイン名の「mint.com」を買うように提案した。私たちはその提案を採用して、全員が「mint.com」の電子メールアドレスを持った。それはうまくいった。だれもそれについて深くは考えなかった。ドメイン名の市場は今日ほど発達していなかった。

その後、二〇〇六年にアーロン・パッツァーから連絡があった。彼は自分の会社のミント・ソフトウエアを通じてオンラインの金融サービスを立ち上げていた。そこで、「mint.com」のURLを必要としていた。彼はグレイザーマンに、一〇万ドルを出してもよいと提案した。私たちはみんな、それぐらいのお金で自分たちの生活スタイルが劇的に変わる

ことはないと思ったが、興味をそそられた。レビンはこの会社について調べ、良質なベンチャーキャピタルや強力なビジネスプランや将来に対するビジョンをたくさん持っていると伝えた。私たちは、そこはかなり特別な会社の可能性があるので、株式を入手することを検討すべきだと考えた。

私はパッツァーの経営陣に連絡して、私たちはお金のためには売らない、株と交換なら売ると言った。彼らは抵抗した。そこで、私は一〇万ドルはいらないので、ほかのURLを探せば、と伝えた。パッツァーはついに折れて、株式の二％を譲り、会社が増資しても株式の保有比率を維持できるように希薄化防止条項も付けられた。

彼は二〇〇九年に会社を一億七七〇〇万ドルでイントゥイットに売却した。そのため、グレイザーマンが一九九〇年代初頭にドメイン名を買ったときの数百ドルに満たない投資が四〇〇万ドルになった。グレイザーマンとレビンも少し投資をしていたので、彼らも大金を手にした。私は自分の取り分をハイト慈善団体の一つに寄付した。それは気分が良かった！

他人のお金の運用に戻る

私はＥＤ＆Ｆマン時代の友人であるスタンレー・フィンク卿と仕事をするために、二〇一〇年に新たなファンドに参加した。グレイザーマンとリーもその年に入ってきた。フィンク卿は手術から回復して健康上の不安が消えたので、新事業を立ち上げるつもりだった。彼はマンを辞めていて、私たちがミントで行ったようなトレードを新しいファンドで行いたいと考えていた。二〇一〇年二月二一日に、フィナンシャル・タイムズは次のように報道した。

マン・グループの強力なファンドであるＡＨＬが用いたシステマティック戦略は、一九八〇、一九九〇年代にアメリカでハイト氏によって開発され、マン・グループでフィンク氏が主導したときに頂点に達した。ハイト氏は市場のトレンドを特定して追跡するアルゴリズムに基づく複雑なモデルを開発して、顧客に年平均三〇％以上の利益をもたらした。

ハイト・キャピタルはインターナショナル・スタンダード・アセット・マネジメント（ISAM）という旗艦ファンドに吸収された。ISAMは約七億ドルの運用で出発した。私たちは外部の顧客に対して、同じ理念と原則に基づいて、種類が異なる二五〇銘柄でトレンドフォロー戦略を実行しようと考えた。

フィンク卿はかねてよりクオンツ運用の世界に戻りたいと考えていたが、彼は私たちがハイト・キャピタルで行ったものに匹敵するシステムは持っていなかった。彼によると、私たちの強みは過去データによる徹底的な検証と、変動の激しい相場でのリスク管理能力の高さにあった。彼は会社を設立し、私たちはその壮大なゲームに戻った。繰り返すが、来たチャンスに逆らってはならない。チャンスが訪れたら、飛び乗ろう。

私が自分自身で取り組むのが好きなら、どうしてISAMに戻ったのか知りたいという人もいるだろう。私はこれを彼とやりたかった。だが、特にグレイザーマンが主任サイエンティストとしてパートナーになることを喜んだのだ。彼は私が人に賭けた初期の一人で、彼が自分の人生のトレンドに乗るのを見るのはわくわくした。

第二に、もっと興味深い答えがある。昔、私の顧客にパン業界の紳士がいた。彼は事業を一〇〇〇万ドルで売却したあと、私のところにやって来た。今後、何をするか話し合っていたとき、私はその種のことはたびたび起きるわけではないと説明した。彼はすぐに、そんなことはないと言った。彼はまさにこの種の取引をすでに何回か行っていた。彼は成功する簡単な方法があると言った。まず、彼は自分がよく知るパン業界に対象を絞っているうえに、三〇代半ばの人間としか組まなかった。彼らは活気と若さがありながら、若さで暴走しないほどの経験も積んでいた。

私はこの人物の考え方の長所がすぐに分かったので、自分で新事業を検討するときのために胸に刻んだ。

フィンク卿は二〇一八年一二月にＩＳＡＭを退くまで会長を務めていた。私はＩＳＡＭの初期のころを楽しんだ。しかし、私はむしろウォーレン・バフェットのような投資家になって、業績が良くて上げそうな株を一つ選んで、講演や会議を行いたいのだ。だが、株価の変動の大きさにはけっして耐えられないだろう。フィンク卿が言うように、「ＩＳＡＭは世界で最も退屈な場所だった。大声で怒鳴る人はだれもいなかった。電話でパニックになったり叫んだりする人もいなかった。トレードをして、お金が入ると送金された」。グレイザーマンは今でもＩＳＡＭの主任サイエンティストで、社内では中心人物の一人だ。

どんなシナリオでも、起こり得る最悪の事態を想定しよう

ここ数年は悪いことがよく起きた、とあなたは思っているかもしれない。テロ行為によって暴落が起きたときや、不動産バブルによってウォール街の取引アルゴリズムが崩れて、損失が広がったときはどうだろう。私は二〇〇八年の暴落や世界的不況など、人生で多くの危機に直面したが、九月一一日の同時多発テロは類を見ない壊滅的な出来事だった。世界中の人々にとって、こうした出来事は壊滅的だったが、悪いことはいつの時代にも起きる。そんな出来事が起きたときに、財産をすべて失いたくはないだろう。

それでも、起こり得る最悪の結果が何かを知っておけば、とても自由になれる。ファンドマネジャーならば、お金に関して起こり得る最悪のことは破産して顧客の元本を失うことだ、と言う人もいるだろう。私たちは二〇〇八年のリーマンショックやバーナード・マドフによる巨大詐欺事件によって、悪いことは実際に起きることを学んだ。投資家のなかには法律の適用を回避したり、違法行為をしたりする者がいるが、彼らはたいてい捕まる。

どういう状況でも起こり得る最悪の事態を想定して、計画を立てておいたほうがよい。

私は億万長者になりたての人々に講演をしたことがある。テーマは「市場の大きな変動でいかに富を守るか」だった。彼らは当時、自分がお金持ちだと分かっていたが、一〇年後でもそうなのかは分かっていなかった。

私はしっかりと巻かれたイギリス製の黒い傘を持ってステージに出た。私は聴衆と目を合わせながら、傘を数回開いては閉じた。彼らは戸惑っていたが、彼らの注意を引くことはできた。それから、私は義母の葬儀に出席するためにロンドンを訪れていたときのことを話した。葬儀の翌朝、私は妻の実家の近くにあるハムステッドヒースを散歩することにした。天気は快晴だったが、妻は「傘を持っていって」と言った。

私は彼女に言った。「この七年間、六週おきに一週間ロンドンに出張していたぼくに、傘を持っていくようにと言ってるの」

「ロンドンの天気について私よりも詳しいと言うつもり？　私はここに二六年間も住んでたのよ！」

私は傘を持たずに、ハムステッドヒースを散歩した。ところが、雨が降っただけでなく、土砂降りになり、やがて雨はひょうになった。私は水浴びをした犬のように、びしょ濡れになった。

繰り返すが、私はステージからくすくす笑う聴衆をじっと見ている。「リスクについて考えるのに最もふさわしいときは、物事を始める前です」と言うと、彼らは大声で笑った。とても裕福なある友人は、「一文なしになりかねないような賭けをけっしてしなければ、トレードでは悪いことは何も起きないだろう。そして、考え得る最悪の結果が何かを最初に知っていたら、大いに自由になれるだろう」と言った。危機についての私の経験則は伝統的なリスク管理とまったく変わりない。

●最悪のシナリオを基準にする。私は自分が何をリスクにさらしているのかと、いくらまでの損なら許容できるかを常に知っておきたい。

●相場の変動によって資金を失う覚悟をしておく。限られた資金のうち、どれだけ失うつもりかをコントロールできるのは自分だけだ。相場の大きな変動に対して、けっして許容範囲を超えて資金をリスクにさらしてはならない。

●大ざっぱに言って、年間利益を失う覚悟をしておく。例えば、長期にわたって一〇％の利益を上げる戦略では、二〇％のドローダウン（最大資産からの下落率）が起きると、年間利益の少なくとも二倍の損を被ると予想される。そのため、長期にわたって三〇％

の利益を上げる戦略では、六〇％のドローダウンを被ると予想される。

最後に、自分は経済的に生き残れるだろうかという心配やそうした感情からくるひどいプレッシャーがないときのほうが、どんな危機に直面してもより良い判断を下せるのではないだろうか。リスクをあまりにも恐れすぎていると、合理的な判断はできない。

起きる可能性がある最悪の事態を常に想定し、自分自身とおそらく家族を守れるように行動を変えよう。

第9章 若いトレーダーとの会話——コラーデ・ウルワール

本書の主な目的は、私がどうやってトレーダーとして成功したのか、そして、そこで得られた洞察が読者の状況にどう当てはまるのかを伝えることだ。また、旅で出会った若いトレーダーたちと話すのも楽しい。そして、コラーデ・ウルワールの話は本当に面白い。ナイジェリア人の父とアメリカ人の母を持ち、アメリカで生まれたウルワールは大学で工学を学んだが、トレードをしたいという思いが強くなり、投資について学びたいと考えていた。彼は、私の長年の同僚で相場について学びたいとやって来たもう一人のエンジニアであるアレックス・グレイザーマンによく似ていた。そこで私は、彼に会って話をして、マーケットの魔術師風にみんなに伝えようと考えた。そこで、その準備をした。彼は大学を卒業したての二〇代前半、私は七〇代で、クオンツ運用で大きな利益を得る方法について貴重で打ち解けた対話を楽しんだ。読者は本書の大部分をすでに読んでいるので、この対話は「ライブ」で話し合われているさまざまな原則について知る機会になるだろう。

ウルワール　私はあなたのように経験豊富な人と話す機会に恵まれて、本当に感謝しています。私が最初に先物を始めたのは、ビットコインのトレードをしたかったからです。ビットコインの価格が下げているときに、売れば利益になると分かりました。私はこれまでに数カ月、主にビットコインの先物やその他のデリバティブをトレードしています。これらはどれも、利益を得る方法が比較的似ています。最初の質問に移りたいと思います。

ハイト　どうぞ。

ウルワール　相場は変動が大きいので、予測が難しいです。トレーダーがときどき間違えるということは理解しています。彼らは損失を限定して、レバレッジを監視する必要があります。私の質問はこうです。どうやってシステムを構築し、トレードで実際にエッジ（優位性）を築き上げるのですか。

ハイト　私のエッジは、何を実行する場合でも、自分がどれだけ賭けるつもりかを事前にはっきり知っているところにあるのです。それとともに、私は賭けている理由をはっきり知っています。その賭けをいつ手仕舞うかもはっきり知っています。私はトレンドフォロワーです。私はそれで生き残り、かなり裕福になりました。私は大きく上げそうだと見たら、それを買いますが、買った瞬間に損切り水準を心に留めています。

ウルワール　あなたが完全に分かっているとしても、価格がどう動いていくかを完全に知ることはできないでしょう。それとも、完全に知っているのですか。

ハイト　私はこれを四〇年間行っています。私はベンチャーキャピタリストとしてお金を稼いできました。商品のトレードで大金を稼いだんです。その期間中、私は必ずどのくらいの損を許容するかから始めたのです。

ウルワール　現在、どれだけの損を許容しているのですか。

ハイト　私は一トレードで一％、場合によっては二％をトレードで失ってもかまわないと思っています。私はまったくのトレンドフォロワーです。私は需要がどれくらいあるかさえ見ません。率直に言って、それは私にとって重要ではないのです。

ウルワール　先物でも株式市場でもいいのですが、具体的なトレードでトレンドフォローがどのように機能するのか説明してもらえませんか。あなたのエッジはトレンドフォローですよね。もっと詳しく説明してください。

ハイト　私は一〇日、一〇〇日、二〇〇日など、さまざまな期間の平均価格に基づいてトレンドに乗ったり降りたりします。価格が平均を上回ったら買い、平均を下回ったら売るのです。

　今買っているものの金額とそれを損切りするときの金額の差が自己資金に対してとっているリスクです。自己資金とは自分が得たものであり、自分のトレード資金の総額です。私の言っていることが分かれば、トレードをしすぎることはないでしょう。

ウルワール　分かります。トレードをしすぎると、大きな問題になることがあります。実はトレード数について質問があります。市場で実際に活発にトレードをしているときには、一年か一週間に行うトレード数はどれくらいですか。

ハイト　私は事前に正確なトレード数を知らずにトレードをしています。私の基準に達した銘柄ならば、どれでも仕掛けます。それで利益が出るか、ポジションに逆行してそのトレードで資金の二％までを失うかですね。それが私のトレードのやり方なんです。

ウルワール　それだけですか。

ハイト　ちょっとダンスみたいでしょう。高校のダンスパーティーに行くと、たくさんの女の子がいますよね。あなたの好みの子もいるかもしれません。そこで、近づいて話しかけます。相手は一緒に踊ってくれるかもしれないし、断られるかもしれません。

ウルワール　ええ。

ハイト　女の子に話しかけても、うまくいかないかもしれません。どうします？　だれかほかの子を探すでしょう。

ウルワール　分かりました。トレードでは魅力的な女の子をどうやって見つけるのですか。

ハイト　高値を更新しているところかどうか。更新していれば、上昇トレンドだと分かる。あるいは、六カ月か一カ月の最安値に達した場合、そこが損切りラインになります。それは相場が私に示してくれることです。私が相場にどうこう言うのではありません。相場がどちらの方向に動いているのかを私に示してくれたら、私はその動きに飛び乗ります。だから、ある女の子に断られたら、私はありがとうと言って、ほかの女の子のところに行ってダンスに誘います。私たちはちょっと踊って楽しく過ごし、食事にも行くかもしれません。そうなれば、大きなトレンドに乗れます。

ウルワール　あなたがパーティーに出席しているとき、その女の子をいつダンスに誘うのが良いのですか。彼女がほかの二人の男の子と話しているときは、おそらく誘いにくいでしょう。いつ、トレンドに飛び乗るのですか。いつ、その機会だと分かるのですか。

ハイト　新高値を付けたときに、そこにいれば乗ることができます。相場がどの方向に向かっているかを私に示しているときです。六カ月移動平均を超えて上昇すれば、それも一つの指標ですね。それは市場がどの方向に進んでいるかを示しています。そこがトレンドに乗るときです。あなたがどの銘柄も新高値でしか買わないのなら、損切りの逆指値を置かなければいけません。重要なのは損切りの逆指値を置くことなんです。これを使うから、生き延びることができるのです。そういうことです。あなたはデビッド・リカードを知っていますか。

ウルワール　いいえ。

ハイト　彼は一七〇〇年代の大物金融業者の一人でした。イギリスで最も裕福な一人になりました。彼とほかの数人は趣味で、たまたま市場経済学を作り上げましたが、彼は相場も大好きでした。彼は当時、株を買って勝っているときには利を伸ばせ、とよく言っていました。利を伸ばすから、お金持ちになれるのです。買った株がどこまで上げるかはだれにも分からないので、早めに手仕舞ってはいけません。

特大の利益を狙うこと、それも資金の八％以上のリスクをとらずにできるだけ多くの利益を得るべきです。

ウルワール　相場が高くなりすぎることはありますか。

ハイト　平均寿命がどうなっているか考えてみましょう。今や、人々はどこの地方でも八〇代、九〇代まで生きています。人々は昔よりもはるかに健康になっています。つまり、先のことはだれにも分からないということです。自分を見失わない良い方法はキャッシュフローと株価を比べることですね。あなたに質問をしたい。あなたは投資家ですか、それともトレーダーですか。

ウルワール　私は断然、トレーダーです。

ハイト　どうして？　ウォーレン・バフェットはトレーダーではありません。彼は一〇年後も二〇年後もキャッシュフローをたくさん生むと考える企業を買収します。それらの多くは市場では過小評価されています。だから、彼は安値で買って高値で売る手法の一タイプを実践しているわけです。富を築く健全なモデルはいくつもあります。

ウルワール　そうですね。彼はファンダメンタルズを調べて、投資します。私はトレンドが何を示しているのか、それがダブルトップかダブルボトムかトライアングルなのかを確かめたいのです。私はトレンドがどの水準にあるか、どこに向かっているかを見て、それに基づいてトレードをしたいのです。

私は投資をして、それを二〇年間も持っていたくはありません。その銘柄が動いているときに乗り、自分のポジションに逆行したら手仕舞います。私はあなたと話す前にトレンドフォローに関する本をたくさん読んで、私には理にかなっていると思いました。トレードが順調にいっているときには放っておくことができるからです。そうすれば、相場が自分のポジションに逆行して手仕舞うまで、利益は増え続けます。ウォーレン・バフェットなら、二〇年間、株を保有するでしょう。

ハイト そのおかげで、彼は世界で最も裕福な一人になりました。私の知り合いで、バフェットを手本にして真剣に投資した人はみんなお金持ちになりました。だけど、私はトレンドフォローのほうが好きです。人間が持っているもので最も強力なものの一つは適応性の遺伝子だと、私は思っています。相場は人に適応する機会を与えてくれます。

私には、それはカジノ経営のようなものです。カジノ経営者ならば、カジノに勝つ人がいることを知っています。一〇〇人のうちの五人は幸運な夜を過ごすか、ポーカーの名人かもしれません。彼らはカジノを打ち負かします。だけど、結局はカジノ側が必ず勝ちます。カジノは計算方法を知っているので、トータルで見れば常に勝つわけです。

だけど、あなたがある夜に特定の観点から勝ちたければ、ゲームで何が起きているかを見つけて、勝率を知って賭ける必要があります。しかも、そのときに自分の性格に逆らわなければならないかもしれません。

ところで、私があなたに、PER（株価収益率）が五倍のある株を例えば今後二〇年間、買って保有するようにと言ったとします。そして、増し玉をし続けることができれば、その一銘柄で一〇億ドルを稼げるとします。あなたはそれを実行しますか。

ウルワール　するでしょう。

ハイト　人は自分の立場や性格から逃れることはけっしてできません。人にはそれぞれ気質というものがあります。今、あなたは特定の年齢で、トレードではダブルトップを好んでいます。年を重ねたら、不動産に興味を持つようになるでしょう。お金について、どういう目標を持っていようと、トレンドフォローとは自分が望むものとコストのどちらを取るかを決めるということです。もう一つは、あなたが決める助けになることです。つまり、人には目標が必要です。あなたは「お金持ち」をどう定義するか知っていますか。

ウルワール　「お金持ち」は相対的だと思います。私は「経済的に自由」と定義します。

ハイト　それは良いことですね。経済的に自由になるために、あなたはどれくらいのお金が必要ですか。

ウルワール　私が今持っている金額以上で、あなたが今持っている金額以下です。

ハイト　トレードで稼げて、これで自分はお金持ちだと思える金額を教えてください。

ウルワール　私が何らかの数字を考えているか、ということですか。

ハイト　そうです。今、何歳ですか。

ウルワール　二三歳です。

ハイト　では、三三歳になったときに、どれほどのお金持ちになっていたいですか。

ウルワール　三三歳のときに、二〇〇万ドルの資産を持っていたいですね。私は銀行口座にいくらあるかということはそれほど気にしませんが、少なくとも不動産を持ち、良い会社で働いて、良い人脈を作っておきたいです。生活を安定させるために、銀行に預金があることは大切だと思います。

ハイト　あなたは明確な金額を選ぶ必要があります。

ウルワール　明確な、ですか。

ハイト　目標を持っていれば、それらは信じられないほどの力になります。自分の望む暮らしを実際にしていると思う人を選んで、目標にすべきです。彼らが知り合いでなくても、話したことがなくてもかまいません。あなたは何を望むのか。それで、何をするつもりなのか。「お金持ち」を具体的に定義する必要があります。ロバート・キヨサキは、持っている現金だけで三年間暮らせれば、それがお金持ちだと定義しました。一〇年後、あなたにとって三年間暮らせる金額はいくらだと思いますか。五年間では？　あるいは、二年間では？　自分が何を目標にしているのかを知っておく必要があります。

ウルワール　その章は覚えています。私も彼の本を読みました。

ハイト　以前、ＩＴＴという会社がありました。その会社はハロルド・ジェニーンという大物が経営していました。彼は私を気に入ってくれました。彼はある日、私を昼食に誘い、「ラリー、君は映画が好きかい」と尋ねました。「もちろんです」と私が答えると、彼はその後会うたびに繰り返すことになる教訓を話しました。映画を見に行くときには、結末が分からないからはらはらして見続ける。だけど、会社を買収するときには、結末を知っておいたほうがいい。その会社で一体何をするつもりか、どうやってそれをやるつもりか、会社を買収する前にはっきり理解しておいたほうがいい。それが映画を見に行くことと会社を買収することとの違いだ、とね。これは伝統的なバイ・アンド・ホールド戦略とトレンドフォローとの違いでもあります。私たちはいつ手仕舞うのかも、その理由も常に知っています。トレードを始める前に、どうやって手仕舞うかを知っているのです。

ウルワール　かっこいいですね。

ハイト　君はプログラミングをしますか。私のトレードスタイルでは、それは本当に役に立つんですよ。

ウルワール　少しは知っています。C言語、Ｊａｖａ、ＣＦＴフォント、ＨＴＭＬはいくらか経験があります。

ハイト　私の投資スタイルの優れたところは、それが昔から行われていることなので、コーディングの能力を使って過去データでトレードのルールを検証できる点です。戦略がいつ機能するのか、しないのかが分かります。投資の素晴らしいところは、投資する必要がないことですね。

ウルワール　どういう意味ですか。

ハイト　そのトレードについて十分に理解していなければ、トレードはしないということです。そのトレードをどうやって行うつもりなのか、それを行う理由と方法は何なのか、いつまで続けるつもりかを知っておく必要があります。そして、計画を立てておく必要もあります。その規律を養うには練習が必要です。データベースを買ってシミュレーションを行えば、ある程度の練習ができます。シミュレーションを行って、数値がどう動くのかを理解する能力がどれくらいあるかを検証すれば役に立ちます。

ウルワール　分かりました。

ハイト　シミュレーションをすると、数学的根拠、確率、勝率、リスクが分かります。そこには「あいまいさ」がありません。私が数字を好むのは、自由に解釈できないからなんです。数字は事実です。私がマイアミのビーチに座っているときに、海が青いと言ったら、それはどういう意味でしょうか。私は紺色のことを指していたのでしょうか、それとも明るい青か藤紫か淡い青を指していたのでしょうか。私が七と言えば、それが七だと分かります。あなたが七と知っているだけでなく、ほかの人々も同じ七を見て、それが七だと分かります。あることをしているとき、それが何で、いつ、どうやって、なぜ、それをしているのかを明確にしておくべきです。

ウルワール　シミュレーションの実行は、目標を考え、それらをどうやって達成するかを考えるプロセスとして、時間をかける価値があるということでしょうか。

ハイト　まったく、そのとおりです。シミュレーションはしたほうがいい。そして、練習をしましょう。練習をするのに、お金は一銭もかかりませんから。

ウルワール　そうですね。

ハイト　例えば、オプションから始めるとします。あなたはそれらの使い方を正確に定義できて、自分が何を得るつもりかは正確に知っています。誤解しないでほしいのですが、通貨を買うつもりか、ビットコインを買うつもりかといった話ではありません。何をトレードするかは関係ありません。重要なのは市場で唯一、基本的に変わらないものです。それが何か知っていますか。

ウルワール　いいえ、それは何ですか？

ハイト　市場で最大のファンダメンタルズは人です。人なんです。人は何千年も変わっていません。

ウルワール　このゲームを学ぶのにどれくらい時間がかかりましたか。トレードで本当に利益が出せるようになるまでにどれくらいかかりましたか。自分はリスクをトレードしていると理解して、エッジ（優位性）を得るまでの道のりはどれくらいの長さでしたか。

ハイト　目標はお金持ちになることでした。いったん、やり方が分かったら、自分の計画に従いました。私は損を受け入れることができないせいで、道に迷っている人をたくさん見てきました。私は実際にトレードで利益を出していた親戚の一人と話をしたことがあります。彼は損失を損失とは言えませんでした。彼は損切りするのを嫌がったのです。そして、結局は破産しました。損を切って利を伸ばすのが難しい、ということではありません。ですが、人によっては、実際にそれを実行するのがとても難しいのです。それを簡単にできる人もいます。私もその一人だったと思います。それが私の道のりの性質です。そこに至るまでの正確な時間ですか？　それは分かりません。

ウルワール　一〇〇人のトレーダーと話をしたとしたら、「私は本当に損を膨らませたい」とはだれも言わないでしょう。デビッド・リカードやラリー・ハイトの損切りのとらえ方は、ほかの多くの専門家の言うこととどう違うのですか。だれも、「損は素晴らしい。損を膨らませよう。私はもっと損をしたい」とは言わないでしょう。

ハイト　彼らは損切りをするために何をしているでしょうか？　そこが問題なんです。

ウルワール　どうして私たちは良い方法の妨げになるような行動をするのでしょうか。

ハイト　それはすべて自分から始まるのです。まず、自分がどれほどのリスクをとるつもりかを分かっておく必要があります。自分がどこまでの損なら受け入れられるかについて、妥当な考えを持っていなければいけません。だいたいどれだけの利益を得る必要があるかを知っておく必要があります。人は自分がしているトレードを冷めた目で見る必要があります。これと正反対の人たちもいます。彼らは、自分はすべてを知っていると本当に考えていますし、そう信じています。私には、自分が世界で最も賢いと自信満々になっている競争相手たちがいました。だけど、彼らは生き残ることこそが最も重要なのだということを忘れていました。彼らはあまりにも大きなリスクをとり、数多くの小さな利益をたった一度の多額の損で吹き飛ばしたのです。私がしているのはポジティブミーン（平均が正）のゲームと呼ばれています。私は損を小さく抑えて、勝つときには大きく勝つから、平均が負になる恐れはないんです。

トレードはゲームのようなものだから、そのように扱うとすると、トレードには多くのバリエーションがあると気づくでしょう。だけど、プロセスが良ければ長期的にうまくいくし、それを続けていけばお金持ちになれるでしょう。

ウルワール　それは良いことに思えます。

ハイト　あなたにはこれが理解できるだけの数学的センスがあると思います。これは粘り強さのゲームなんです。自分が対処できる損失から始めれば、資金を増やしていけます。

私の母がブルックリンに住んでいたころ、私は週に一度実家に帰っていました。私はいつも母に、「どうだった？」と尋ねられたものです。私は、「一〇万ドル損したよ」と答えていました。母は「ああ、それはひどい！」と言ったものです。それは資金のごくわずかな割合（通常は二％以下）だったので、私にとってはたいした金額ではなかったのですが、母には理解できませんでした。つまり、ポケットに一〇〇ドル入っているときに、一ドルなくして、本当にあわてるだろうかということです。

ウルワール　あわてませんね。

ハイト　母は金額に注目したが、私は割合に注目したんです。

ウルワール　それがいくらかは気にせず、割合を気にしたというのは生まれつきの才能ですね。ほとんどの人は損をそのように受け止めることはできないでしょう。

ハイト　私はその点、有利でした。私は運動が苦手でした。だから、負けることに慣れていました。負けるときには、負けを小さくし続けて、大きく勝つ方法を考えます。その比率が大事なんです。自分の資金のうち、いくら賭けるつもりか。それは一つの考え方です。違うやり方をする人はいるでしょうか。います。

彼らの一部は成功するかもしれません。幸運に恵まれるかもしれません。ですが、成功する人の大半はトレンドフォロワーなのです。私がこの仕事を始めたとき、トレンドフォローの手法を採用していた人は多くありませんでした。この考え方を身に付けることを勧めます。君にはできるでしょう。損を小さくし続けられるなら、できます。ところで、あなたは会社で働くことになるのかもしれませんが、私が会社で働くのをやめた理由の一つは、駆け引きや委員会やうわさ話が煩わしかったからなんです。私はそのどれにも興味がありませんでした。トレードに夢中になるのは、自分のお金を動かしているからです。私は他人のために働きたくはありませんでした。会議をうまく進められるようになりたいとも思いませんでした。私は本当にトレードがうまくなりたかったのです。お金持ちになりたかったのです。

ウルワール　経済的自由ということですね。

ハイト　狩りが得意になるつもりか、はったりが得意になるつもりかは決める必要があります。部族の生存が狩猟のうまさにかかっていた時代は、バイソンが走っているときに狩猟が最も得意な男はぶらぶらしてはいませんでした。彼らは小屋にいて、だれのヤリが一番鋭いかとか、だれがそれを一番遠くに投げられるかなんて話はしていませんでした。部族に狩猟が得意な人が多いほど、部族で生き残る人数も多くなります。今日、優れたトレーダーはカジノ経営者のように勝率を設定しています。エッジは時間とともに積み重なっていきます。勝者は勝ったから勝者なんです。だから、資産は積み上がっていくのです。物事を正しく行っているから、そうなるのです。

ウルワール　ありがとうございました。

第10章 あなたは選択することができる――粘り強ければ報われる

私は子供時代と青年時代をよく振り返る。そして、自分がいかに落ちこぼれだったかを思い出す。貧しくて、片目が見えず、失読症で、動きがぎこちなく、運動は苦手だった。成功する見込みはほとんどなかった。それでも、私は成功した。状況が変わり始めたのは、私がようやく三〇代になってからだった。それまでは、だれも私に将来の可能性があるとは思っていなかった。だれも私がどういう道を進むか予測できなかっただろう。

私がもっと簡単な道を進んでいたら、私が達成したほどの成功をしたとは思えない。何をやってもうまくできなかったからこそ、私は成功した。人々はポジティブシンキングの持つ力について話すが、私はネガティブシンキングの持つ力を見つけた。私にとって負けるのはいつものことなので、私は負けることに慣れていた。私はあまりにも負けていたので、失うものは何もなかった。だから、負けてくじけることはなかった。負けたら立ち上がって、再び取り組み続けるだけだった。それが成功した本当の秘訣だ。

何かが起きたときに立ち直るためのラリー・ハイトのヒント

一．損は隠さずに、オープンにする。
二．賢い人に利益の一部を与えて、手伝ってもらう。
三．複雑な状況に感情を持ち込まない。
四．計画を立てる。
五．新たな出発をし、家を出て仕事をすることも考えてみる。
六．自分のキャリアについて、衝動的に決めない。
七．人々があなたと働きやすいようにする。

＊＊＊＊＊＊＊＊

長い間、何をやってもうまくできなかった人間が成功したのはなぜだろうか。

幼いころから、私は人生でどの分野ならどれくらい成功できそうかを考えていた。私はうまくできなかったことはすべて、すぐに選択肢からはずした。私は優れたスポーツ選手にはけっしてなれなかっただろう。失読症を治して、優れた学者になることはけっしてなかっただろう。これらを実現できる可能性はあまりにも低すぎた。成功の可能性が低い賭けをはずしたことで、目標に向かって別のことを始められた。

成功する可能性が高い分野では、ただ働きでもしただろうというほど大好きなことを選んだ。そういう選択をすると、ほかのどんな人よりも一生懸命に働くので、大きなエッジ（優位性）が生まれる。私はお金を稼ぐ方法をいろいろと考え出すのが大好きだった。私は何時間も電話で話しながら、それに取り組む。私にとって、それは楽しい。もちろん、ご存じのように、私には心の底からわき出てくるような欲求があり、それが力になった。つまり、私は本当に経済的自由を得たかったのだ。

私は自分の失敗と成功の話をして、夢があれば自分の限界を乗り越えられるということを伝えた。状況は自分の予想よりも良くなることがあり、可能性が低くても実現できるということが分かったと思う。

ほとんどの人と同じく、私も勤勉の重要性を教えられた。しかし、私はすぐに勤勉が過大評価されていることに気づいた。賢く働くほうがはるかに報われる。レストランで数百万ドルの取引を行っている幹部は、調理場で皿を洗う最低賃金の労働者ほど懸命に働いてはいない。しかし、幹部のほうが裕福だ。当然だが、皿洗いをしている人がもっと賢く働き、給料がもっと良い仕事に就けるように訓練を受け始め、その幹部が経費をごまかしてクビになったら、彼らの立場が逆転する可能性もある。

だれでも選択することができる。トレーダーであれ、作詞家であれ、皿洗いであれ、その人の人間性や人生はどういう選択をするかに現れる。だれでもひどい結婚生活や仕事から抜け出す力がある。学校を卒業できる力がある。体重を一三〇キロ以下に保つ力がある。夢があるのならば、自分の目標に向かって毎日、何かをする選択をしよう。

問題は、人々が選択について確率という観点から十分に考えていないところにある。だが、それが賢い賭けをする方法なのだ。そして、賢い賭けを続けていれば、やがていずれは勝てる。

人生で取るべき道や事業や投資ポートフォリオについて選択をするときには、次のことを自問しよう。

●どちらを選ぶと自分の目標に近づくか

想像力で少し先を見よう。そのためには、自分がどういう人間で何を望んでいるかを知る必要がある。非常に多くの人が素晴らしい教育を受けたと言って、自分を売り込んでいる。私は教育の価値を強く信じている。しかし、自分がどういう人間で何を望んでいるのかを自覚していなければ、教育を受けても何の役にも立たないだろう。

●適切な場でゲームをしているだろうか

多くの富は幸運によって生み出される。だが、幸運に恵まれるにはそういう場にいる必要がある。俳優になりたいのにオーディションを受けなければ、俳優にはなれない。私が知っていたある若手俳優はとても表情が硬くてぎこちなかったので、成功する見込みはほとんどなかった。だが、彼は適切なところにいて、チャンスに恵まれた。彼は次第に素晴らしい俳優になり、やがてブロードウェーで成功した。チョウの羽ばたきが嵐を起こすこともある。あなたも羽ばたく必要がある。

●自分の選択は実現可能か

その選択に一〇〇〇回賭けたとき、成功する確率はどれくらいあるのか。私はマイケル・ジョーダンにもレブロン・ジェームスにもなるつもりがなかったことを忘れないでほしい。それは不可能でしかなかった。しかし、トレーダーになることは可能だった。私には生まれつきの能力や粘り強さがあり、それが大好きだったからだ。それでも、数学の正式な訓練は受けていなかったし、コンピューターを扱うスキルもなかった。そこで、私はそれらのスキルを持つ人々と協力した。すると、私の目標は実現可能になった。あなたにとって、何が実現可能だろうか。

●起こり得る最悪のことは何なのか

賭ける前に、最悪の事態をしっかり頭に入れておこう。どれだけの損なら許容できるか知っておく必要がある。起こり得る最悪のことを受け入れられない場合、それは悪い賭けだ。

●それを勝ち取ったら、何が得られるのか

これはお金についての質問だ。これに答えたら、見返りとして期待する最大の値が分かる。だから、見返りは何なのかと自問しよう。それは少額なのか、それとも大きな変化を生むほどの金額だろうか。一年に一ドル勝つ賭けをして、本当に勝っていると言えるだろうか。私がお金を稼げたのは非対称の賭けを見つけたからだ。私はほとんどリスクをとらずに、大勝することができた。金融では、

オプションと損切りの逆指値を使えば、これが実現できる。人生においてならば、自分の知識や時間を使ったり、ほかの人に投資をして協力を仰いだりすることができる。自分がとっているリスクの何倍も見返りが得られる場に行こう。

●選択をして、それがうまくいかなかった場合、それを変えるだけの謙虚さがあるだろうか　失敗は一つの出来事にすぎない。それは人として見込みがないという意味ではない。失敗したら、損を切って、それをやめることだ。そこから去って、できるだけ早く、できるだけ頭を使って、次の良い賭けを見つけよう。

＊　＊　＊　＊　＊　＊　＊　＊

「そうは言っても、あなたは運が良かったんですよ。あなたは商品市場とコンピューターによるシミュレーションがちょうど始まったときに、そこにいたんですから」と言う人々もいるかもしれない。それはある程度、真実かもしれない。しかし、金融の世界は今でも人々に機会を提供しているし、おそらく私の若いころよりももっと多くの機会を提供している。私たちは技術革命の真っただ中にいる。昔のコンピューターは冷蔵庫くらい大きかったが、今ではクレジットカードくらいの大きさになり、ますます安くなっている。次は、高度なロボットとセンサーと人工知能（ＡＩ）が活躍するだろう。自動運転の車ももうすぐ普及するだろう。

本書で何度も言ったように、市場は非効率的だ。市場が非効率的だからこそ、そこに機会が生じる。市場が効率的だったら、仕事や発明をしたいという気にならない。市場が非効率だから、技術革新を起こして、より良く、より速く、より安い製品やサービスを作りだしたいと思うようになる。つまり、人々がもっと懸命に働き、追求し、達成したいと思うことが常にあるという意味だ。やがて、ある技術革新が新たな標準になると、その優位性は消えていく。しかし、それは新たな市場に新たな機会が生まれることを意味する。あなたがすべきこととは、自分の時間を使い、自分の立場からそうした機会を見つけることだ。あ機会は間違いなくある。あなたは自分が何を望んでいるかを理解しさえすればよい。あなたはどういう特徴を持つものが欲しいのだろうか。それがはっきり分からなくても、どういうものであってほしいかは分かるはずだ。

勝ったときに何をするのか

財産を築きながら、勝ったときに何をするか計画を立てておいたほうがよい。

私は裕福な暮らしをしているが、ぜいたくをすることにはあまり関心がない。私の関心は創造性にある。七〇代になっても、私はいまだにお金儲けの新しい方法を考え出す意欲にあふれている。私は次の技術革新にも相変わらず関心がある。私はクオンツ（数理分析の専門家）のパートナーに電話をして、「史上最高値に達した銘柄をランダムに選ぶとどうなるか」といったアイデアの検証を頼んでいる。

最近は不動産を買い始めた。いつものように、私は専門知識を持つ賢い人たちを見つけて、一緒に仕事をする。彼らのやり方はこうだった。彼らは入居率が一〇〇％かそれに近い状態にあり、買えると考えた物件を買い、空室は市場よりも一〇％安い価格で貸し出す。彼らはその物件をもっと良い物件と同等になるように手に入れたうえで、あえて一〇％安く貸す。結果として、物件は高い入居率を維持することになり、これは素晴らしい。彼らは五年から七年後に、その物件を再び担保に入れる。つまり、借り直すということだ。だが、彼らは今や現金を手にしている。彼らはその物件を売ったも同然だ。ただし、税金を払う必要はない。代わりに、彼らはお金を借りて、まだその物件を所有している。最初の物件を担保にして借りたお金で、次の物件を買う。お金を借りれば、税金はかからない。彼らは物件の一部を加速償却する。建物には劣化が速い部分がある。そのため、加速償却で会計処理を行い、税金を減らす。

このように不動産投資を行っている人は大金持ちになる。彼らは最高のビルを所有しているわけではない。トランプは下層階の部屋は気品のあるリノベーションを行って豪華にするが、狭くて魅力が少ない上層階の部屋への投資は減らす。だが、彼らはトランプとは違う。彼らは最も良い取引を行っている。そして、私もこの方法で大金を稼いでいる。それが私のしていることだ。私は同じプロセスを繰り返しているが、それを新しい機会で行っている。

私は一九八七年に財団を設立した。カリブ海で冬休みを取っていたときに、私は電話をかけてトレードをした。その一回の電話で一〇〇万ドルを稼いだ。なんて良い気分だ。翌週、ニューヨークに戻って、夕方遅くに世界貿易センターを歩いていると、人が次々と入ってきた。彼らの多くは体調があまり良くなさそうだった。警備員にどうしたのかと尋ねると、その夜はとても寒かったので、ホームレスの人々が眠るためになかに入ってきたということだった。そこで、私は気持ちが変わった。一〇〇万ドルはたいして重要ではないと思った。どうすれば私が手助けできるか、と考え始めたのはそのときだった。

私は後ろめたいから寄付をするのかと尋ねられたことがある。私が後ろめたいと思うことはない。また、宗教を信じているから寄付をするわけでもない。だが、私は鉄則に従って生きようと努めている。それは少なくとも理屈ではほとんどの人が同意する考えだと思う。それを私が特に好む形で説明しているのは孔子だ。彼は、「一生行うべき道を一言で言い表すことができるでしょうか（一言にして以て終身之を行ふ可き者有りや）」と弟子に尋ねられたとき、「それは恕、すなわち思いやりだね。おのれの欲せざるところ、人に施すことなかれ（其れ恕か。己の欲せざる所、人に施すこと勿かれ）、だよ」と答えた。

私はお互いに思いやることが大切だと信じている。

私が初めて多額の寄付をしたのは、手術が必要なアゼルバイジャンの若い女性のためだった。無料で手術をしてくれる病院がサンフランシスコにあったのだが、彼女と母親はそこに行く必要があった。費用は一万ドルだったので、私はそれが実現するように頑張った。それが私の贈り物だった。私は一つの命を救えて幸せだった。しかし、私は現実的な人間なので、どうすれば一人のためではなく、最も大きな影響を与えられるかと考え始めた

＊　＊　＊　＊　＊　＊　＊　＊

一九八七年に、私は賢明な方法で寄付をして、できるだけ多くの人の命に最大の影響を与えられるように、家族財団を立ち上げた。初めは、その財団の規模が比較的小さかったので、お気に入りの慈善団体に毎年、寄付をすることで免税の要件を満たした。しかし、私がもっと成功して寄付金を増やすにつれて、財団も大きくなった。私たちは戦略的で専門的になれるようにコンサルタントを雇った。娘たちが高校二年生になったときに、それにかかわる機会があり、彼女たちは指導を受けながら、自分で選んだ組織に五〇〇〇ドルの助成金を出した。長女はニュージャージー州ニューアークの放課後の催しに寄付をし、次女は博物館が行っている子供たちのための写真のプログラムに寄付をした（興味深いことに、娘の一人はセラピストになり、もう一人は写真の歴史家になった）。

私たちは多くの慈善団体に寄付をしてきた。私の最初の妻であるシビルは社会福祉の修士号を取っていて、ニューヨーク市の里親制度で一〇年間、子供たちのために働いた。彼女はどんな子供でも安全で愛情に満ちた家で育てられるべきだと信じていたので、私たちの財団は里親制度を改革した組織に資金を提供した。彼女は写真と芸術も大好きだったので、ニューヨーク市とイギリスの主な美術館での展覧会にも資金を提供した。

繰り返すが、私は現実的な人間だ。投資をするときには最大のリターンを望み、寄付をするときには最も多くの人に影響を与えたい。それが、私が医学研究を援助する理由の一つだ。だれが分かるだろう。二〇年後に、私が資金を提供している組織の一つがガンの治療法を見つけるかもしれない。

私の友人のスタンレー・フィンクも同じような見方をする。彼は一〇〇年ぶりにロンドンで新たに設立されたエベリーナ・ロンドン小児病院の新しい建物のために、二〇〇五年に寄付をした。それから間もなく、私の妻のシビルの死が迫った。彼女はロンドンの出身で、マン・グループの別の友人であるハーベイ・マクグラスには奥さんのアリソンがいた。私は妻がロンドンのうわさ話を懐かしがっているとハーベイに話した。そして、アリソンからシビルに週に一度、電話をかけて、ロンドン社交界についてのうわさ話をしてもらえないだろうかと尋ねた。アリソンはそのとおりにしてくれた。私はそのことをけっして忘れないだろう。私はシビル・ハイトとアリソン・マクグラスに敬意を表して、エベリーナの新生児ユニットに六台の未熟児用ベッドを寄贈した。

そのとき以来、おそらく一〇〇〇人の子供がそのベッドを使っただろう。その子供たちのことや、彼らの命がどうなったかは知らない。しかし、私は彼らが助かる確率を高めるために、何らかの手助けをした。一〇〇〇人の人を助けるために、何かをする機会がどれほどあるだろうか。

数年前、私は全体主義政府に弾圧されている学者の解放にも関心を持った。通常、学者や知識人が最初に独裁者を批判するので、彼らは刑務所送りになるか、殺されるかの可能性が高い。ヘンリー・カウフマンとアラン・グッドマンは命を救うことを目指していて、スカラー・レスキュー・ファンド（学者救援基金）を設立した非常に特別で善良な人たちだ。私は彼らから、ウガンダで医学研究をしていた生物学博士について知った。革命のさなかに、一人の兵士が彼に近づき、彼のトラックが欲しいと言った。彼は実験に使う必要があると言って、それを断った。ついに、兵士は銃を取り出して、彼の頭を打ち抜いた。その研究者はウガンダで博士号を持つ五人のうちの一人だった。その国では、一発の弾丸で計り知れない損失が起きた。

私はこの人の医学研究が一〇〇〇人の命を救ったかもしれないと思った。私は再び、一〇〇〇人を救える機会がどれくらいあるだろうか、と自分に問うた。そこで、私は学者たちを迫害している国から救う活動をしている基金を支援した。基金は彼らが安全に暮らして研究を続けられるように、彼らに大学の研究職を提供している。私が自分の訓練から学んだことはこうだ。うまくいけば、多くの命を救える研究者を一人助けられる。最低でも、私は一つの命を救える。どちらも良い賭けだ。

最近、私の現在の妻のシャロンと私は教育と文化を促進する組織に寄付をした。私たちは音楽団体にも寄付をしている。音楽は生きていることで経験できる最高の贈り物の一つと思えるからだ。

私は自分の選択によって、今でもお金を稼ぎ続け、世界をより良くできるかもしれないものを作り出せるという独特な立場にいる。私はそのことをありがたく思っている。あなたも同じことが起きることを願っている。

＊　＊　＊　＊　＊　＊　＊　＊

もしも

ラドヤード・キプリング

もしも周りのだれもが冷静さを失い
それを君のせいにしても冷静でいられるならば
もしもすべての人に疑われても自分を信じ
疑う彼らを許せるならば
もしも飽くことなく待てるならば
悪いうわさを流されても相手にせず
人に嫌われても自分を嫌いにならず
そのうえ見栄を張ることも知ったかぶりをすることもなければ

もしも夢を抱くことができて、夢に振り回されなければ
もしも考えることができて、考えるだけで終わらなければ
もしも勝利や災難に接しても

浮かれることも落ち込むこともなければ
もしも君が語った真実を悪者がゆがめて
人をだましていると知っても耐えられるならば
人生を賭けて作り上げたものが目の前で壊されても
また古い道具を拾い上げて作り直せるならば

もしも勝ち取ったすべてを
一回のコイン投げに賭けられるならば
負けても最初からやり直して
不平を一切口にしなければ
もしもとっくに疲れ果てているのに
全身を奮い立たせて
「頑張れ」と言う意志のほか何も
残っていないときにも頑張れるならば

もしも大衆と話していても徳を失わず
高い地位についても庶民の心を忘れずにいられるならば
もしも敵も味方も公平に扱うならば
もしもすべての人に頼りにされるが、当てにされすぎなければ
もしもどんなに厳しいときでも
一瞬一瞬を全力で生きることができるならば
世界と世界にあるすべては君のものだ
そして何よりも、君は大人になるだろう、息子よ！

私がここまで語ってきたことの多くは、ラドヤード・キプリングのこの詩に要約できるだろう（最後の行が男性に話しかけていることをお詫びする。キプリングはかの時代の人間で、私は今の時代の人間だ。そして、この詩は女性にも同様に当てはまると信じている）。私たちのなかには最初から厳しい条件に直面している人もいる。しかし、私のメッセージの核心は次のとおりだ。あなたの夢はあなたの限界よりも大きく、あなたは夢を追いかける選択をすることができる。

あなたの状況に関係なく、あなたは選択ができる。私は自分の孫たちに選択肢があることを知って、成長してほしいと思っている。そして、あなたも人生を変える選択ができると思わないかぎり、本書が成功したとは思わない。

私のトレードは投機に基づいている。しかし、私の人生そのものも投機家のゲームだ。私たちは将来、何が起きるか知ることはできない。多くの「もしも」がある。私たちは絶えず何かを受け入れて、そこから抜け出す。何を受け入れて何から抜け出すかの選択が、最終的には自分の人生と意味を作り出す。

私の人生は、落ちこぼれでも勝てるという証拠だ。

断片的思考

EDFマンのために書かれた内部文書

ラリー・ハイト著『非対称レバレッジの理論と実践（小さなリスクで大きく勝つ）』

— 付録 —

「非対称レバレッジの理論と実践（小さなリスクで大きく勝つ）」（一九八八年九月三〇日）

ラリー・ハイト

序文

この文書の目的は非対称レバレッジ（ＡＬ。Asymmetrical Leverage）の原則を明確に述べることだ。これらは定量的な評価対象ではなく理論的な概念であるため、ＭＩＭＣ（ミント・インベストメント・マネジメント・カンパニー）の戦略とは異なり、コンピューターでの検証はできない。唯一の実行可能な検証は、ビジネスにおける幅広く豊かな経験に照らして議論と検討をしてもらうことだ。これがこの文書を読んでもらうために、あなたがたを選んだ理由である。

簡単に言えば、私は自分の推論の欠陥を市場にではなく、同僚に指摘してもらいたいのだ。

定義

非対称レバレッジは従来のレバレッジからそれに比例したリスクをとり除けるという点で類がない。一例を挙げると、MIMCは現在、中東の金融機関と契約を結んでおり、イスラム世界向けに一五〇〇万ドルのポートフォリオを構築した。この投資で私たちは仲介手数料差し引き後に、毎月、利益の二三％を受け取る。これは設定・解約の機会が多い初めてのファンドだった。利益に対する私たちの取り分は、もしリターンが一〇〇％ならば、自己資金のうちの三四〇万ドルをリスクにさらしていることに相当する。ただし、三四〇万ドルの利益が手に入る可能性を考えれば、リスクはゼロだとも言える。悪いことは何もない。これは販売促進が優れていたために、達成できた非対称レバレッジの例だ。優れた非対称レバレッジのタイプを説明する際に、ハント、プリツカー、トランプといった人の名前を使った例を示す。MIMC以外で、良い非対称レバレッジと悪い非対称レバレッジの両方の例を挙げるとき、父親からの教訓を忘れた兄弟二人がどうして一〇億ドルの損失を出したのかという、同じ家族の良い非対称レバレッジと悪い非対称レバレッジの話をする。

良い非対称レバレッジを実践している組織はMIMCだけではない。例えば、LBO（対象企業の資産を担保とした借入金による買収）の手法を得意とするKKR（コールバーグ・クラビス・ロバーツ）が一二年間に買収した会社の総売上高は、設立後六〇年のGE（ゼネラル・エレクトリック）の規模にほぼ匹敵する。おそらく、KKRのゼネラルパートナーはGEの現在の優れた経営者よりも多額の収入を得ていただろうし、GEのほとんどの創業家よりも大きな資産を持っている。

例

A．財務面の非対称レバレッジ（お金持ちだと思われているときには、ほかのだれかが勘定を支払ってくれる）

非対称レバレッジを金融に当てはめた場合の力は、イスラエルから移民して、まさに「裸一貫」から身を起こし、三〇億ドルの大企業を支配するに至ったメシュラム・リクリスが最もよく示している。彼は優れた経営と財務管理に加えて、現金を効果的に使い、というよりも使わずに帝国を築いた。買収に現金が必要な場合、彼は買収する企業から同額の現金をすぐに生み出す計画を立てた。言い方を変えると、次の行動のために少なくとも同額の現金を生み出せない会社に現金をつぎ込もうとはしなかった。条件が有利でなければ、取引をまとめようとはしなかった。ただし、彼の会社であるラピッド・アメリカンが支払える現金を持っていることは、会社を売却しようとする相手企業に常に知らされていた。彼は現金を出す代わりに、債務の売却、ワラントの発行、部門の売却、新株の発行を行った。一例として、ラピッド・アメリカンが所有するマクローリーがH・L・グリーンを買収したとき、この会社のカナダ部門を売却した現金を元手にこの会社の株を公開買い付けした。彼が最近行ったエルの取引では、会社を非公開にして、社債の発行は続けた。というわけで、彼はマクドナルドのレイクロックのように小売業の優れた革新者として歴史に残ることはないが、現金の運用がとてもうまかったことで記憶に残るだろう。彼はいつでも自分の会社のどこにいくらの価値があるかを知っている。自己資金で会社を買収するという彼の方針と総キャッシュフローの管理によって、彼は三〇億ドル相当の優良資産を持つアメリカ企業のオーナーになった。

一方、ロバート・ホームズ・エイコートは所有する資産のキャッシュフローを実際に管理していなかった。彼は当時、所有していたベル・リソースという小さな会社の株式を、オーストラリア最大の会社であるブロークン・ヒルの株式と交換する一連の公開買い付けを行うことで、彼の帝国を築き始めた。彼はブロークン・ヒルの筆頭株主になるまでこれを繰り返した。ブロークン・ヒルの株価はオーストラリアの強気相場で急騰した。そのおかげで、彼は資金を借りて、テキサコやシアーズなどの株式を買うことができた。それらの株式はさらなる買収の担保になった。彼の失敗はどの会社に対しても企業支配権を得られなかったことだ。そのため、相場が暴落したとき、彼はキャッシュフローを利用することができなかった。彼は受動的な投資家の一人にすぎなかった。したがって、彼には返済すべき莫大な借金が残り、返せるだけの収入はなかった。彼のリスクは極端に大きく、非対称レバレッジは小さかった。実は、彼の非対称レバレッジは逆さまだった。リクリスの戦略とは正反対に、リスクは大きくて得られるリターンは少なかった。

B．市場構造から得られる非対称レバレッジ（どのシステムにも偏りがある。どの偏りもだれかに対する贈り物になる）

市場構造から得られる非対称レバレッジの見事な例は、さまざまな満期の国債を所有するリスクについて、一九七八年にテレサ・ハベルが行った調査に見ることができる。彼女は五年物国債のリターンは三〇年物国債の九五％であることに気づいた。しかし、五年物の価格リスクは長期国債の場合の二五～三〇％しかなかった。つまり、短期国債は長期国債とほぼ同じリターンを得られたが、リスクは相当に低いため、優れた非対称レバレッジが生み出される。最近では、シェアソン・リーマン債券インデックスがハベルの調査結果の妥当性を証明しており、一九七三年一月一日から一九八八年三月三一日までの年率リターンは長期国債で八・六二％、九一日国債で八・四六％だった。重要なのは、長期国債のほうが金利はわずかに高いが、価格変動の標準偏差で測れば、価格リスクは短期国債の一二倍大きいという点だ。実際、一九七九年から一九八二年に、五年物国債の利回りは三〇年物国債の利回りをわずかに上回っていた。これはハベルの会社のニューバーガー・バーマンのチャートで示されている。彼女が示したのは、市場固有の構造を詳しく調べると、優れた非対称レバレッジが得られるということだ。

C．起業家が利用する非対称レバレッジ（二足す二が四〇になるとき）

ドナルド・トランプがニューヨークのグランド・ハイアットの建設に加わっていたとき、ラスベガスのヒルトンホテルでストライキがあり、そのせいで株価が急落した。彼はそれをカーラジオで知った。これは妙だと彼は思った。ヒルトンが所有するホテルは一〇〇もあったのに、そのうちの一つがストライキをしただけで、なぜ株価が急落したのだろうか。彼はオフィスでヒルトンホテルの10Kを調べた（SEC［証券取引委員会］の上場企業の報告書は毎年、すべて開示されている）。すると、ヒルトンの利益の四〇％はラスベガスのホテルから得られていて、ニューヨーク・ヒルトンからの利益はわずか一％だと分かった。彼が建設していたグランド・ハイアットがニューヨーク・ヒルトンと同様に成功したら、彼は幸せだっただろう。しかし、彼はカジノが同じリスクではるかに優れた事業であることに気づいた。

トランプのような建築業者にとって、ホテルの建築でもカジノやホテルカジノの建築でもたいした違いはなかった。ただし、カジノの利益は四〇倍で、非対称レバレッジが優れていた。トランプの父親は何千もの中低所得層向け建物を建てた。それは一＋一＝二になれば、利益になるゲームだった。一＋一＝一・七五になれば、利益はゼロになる。ドナルド・トランプの富と父親の富との違いは、ドナルド・トランプのほうがはるかに高い利益率の事業を行い、ショービジネスの要素を少し加えて、高い価格を正当化したところにある。

D．経営面の非対称レバレッジ（非対称レバレッジを一つの手続きに変える）

このタイプの非対称レバレッジはシカゴのプリツカー家の事業にはっきりと現れている。プリツカー家はハイアットやブラニフのほかに、純資産が約三五億ドルもあり、多くの製造会社を傘下に収めているマーモン・グループを所有している。マーモン・グループは、一九五八年にプリツカー家が自転車や車椅子用キャスターや海軍向け小型ロケットを製造するオハイオ州の赤字企業であるコルソン・キャスター・カンパニーを買収したところから始まった。この会社は複数の鑑定によって購入価格以上で清算できることが示された。そのため、プリツカー家のリスクは基本的になかった。それで、この買収は非対称レバレッジが良かった。さらに、購入価格は資産価値に固定されていた。コルソンは簿価以下で売却されたので、プリツカー家は当時のアメリカ税法によって税金の払い戻しを受けることができた。そのおかげでコルソンの資産はさらに減少して、再び税の払い戻しを受けることができた。プリッツカー家は過去七年間に会社が支払った税金に相当する損失を作り出すことで、買収コストを下げることができた。また、税金が払い戻されるまで、購入費用の残りの大部分を運転資金のつなぎ融資にすることができた。プリッツカー家は良い非対称レバレッジで起業できた。彼らが支払った金額以上の額で会社を清算できるため、リスクをゼロにできたからだ。彼らはその後、アメリカ税法の仕組みを利用して、非対称レバレッジをさらに高めた。

この文書のほとんどは財務面の非対称レバレッジを扱っているが、企業は数字で表せることだけでなく、実際の商品やサービスを人々に提供している点にも注意してほしい。例えば、コルソン・キャスターの在庫には、欠陥があるために受け取りを拒否された八〇〇の海軍向けロケットが含まれていた。プリッツカー家が会社を買収すると、これらのロケットは加工し直されて海軍に販売された。原価計算方式を変更して六カ月後には、事業は黒字化した。これは経営での非対称レバレッジの最も良い例だ。

プリッツカー家、ハンソン・トラスト、バークシャー・ハサウェイ（ウォーレン・バフェットの会社）の経営スタイルがすべて同じなのは興味深い。各経営部門はフラットで、経営上の決定はすべて部門ごとに行われる。しかし、財務上の決定と予算は垂直的で、トップの承認を受ける必要がある。つまり、財務管理はオーナーの仕事で、製品の製造・販売は経営管理職の仕事ということだ。利益分配は会社全体ではなく、部門別に決定される。そのため、会社全体の利益が減っても、ある部門の利益が増えた場合は、その部門の管理者はボーナスを受け取る。厳格な財務管理は非対称レバレッジの核心だ。財務管理がなければ、どんな期間であれ、非対称レバレッジを達成することも維持することもできない。

経営面の非対称レバレッジの最後の例では、レイ・ハントの活動と、義理の兄弟であるバンカー・ハントとラマー・ハントの活動とを比較する。レイはハント・オイルのオーナーで、この会社と不動産投資を合わせると、純資産は一〇億ドルを優に超える。レイは義理の兄弟とは異なり、父の哲学に従って事業を行った。

伝説的なH・L・ハントは家族の富の基礎となった最初の主要な石油保有を油田からではなく、ポーカーで得た。実際、事業を始めたころ、彼は石油の掘削よりもポーカーでの稼ぎのほうが多かった。彼は一年でお金を二倍にできるところにのみ賭けた。また、大数の法則が有利に働くように、多くの賭けをした。この点で、彼のポーカーの手法が事業における手法の基礎となった。石油の試掘で稼いでいたころ、彼は石油が出なくてもけっして悩まなかったと言う。それは石油を掘り当てることに一歩近づいたことを意味していたからだ。さらに、彼はけっして一つのことに大金を賭けることはしなかった。損失のせいで、大数の法則を利用できなくなるからだ。これはミントで私たちが使った手法だ。

この同じ哲学は、一九八四年にレイ・ハントが北イエメンの油田を買収したときにも見られる。油田開発には多大な費用がかかり、カントリーリスクがあることを考えて、彼は利権の四九％をエクソンに売却した。エクソンは油田開発の費用をすべて持つことに同意したので、石油生産の自分の分はリスクなしでほぼすべてが利益になった。

一方、レイの義理の兄弟はすべての卵を一つのカゴに入れて、非常にレバレッジが高い銀だけに賭けた。彼らは銀を買い占めて市場を窮地に陥れたが、やがて買い手がだれもいなくなった。彼らはその時点で損切りをする代わりに、損が膨らんでいる銀取引で時間を買うために、収入を生む資産を担保に入れた。リスクは自分たちに有利なほうにではなく、不利なほうに非対称だった。彼らは得られそうな利益よりもはるかに多くの損失を被る恐れがあった。レイは父と同様に、毎年、採掘で資産のわずかな割合しかリスクにさらさなかった。北イエメンでの買収は彼にとって、その年の賭けの一つにすぎなかった。また、エクソンをパートナーにしたことで、将来の利益と交換に優れた非対称レバレッジの立場を確保した。

非対称レバレッジの理論と実践

ＭＩＭＣは非対称レバレッジの理論と実践の良い例だ。

マンの買収は双方にとって非対称レバレッジの良い例だ。マンの当時の価値は一億ドルを超えていた。買収に伴うリスクはわずか七五万ドルで、これはマンの純資産の一％にも満たなかった。彼らはミントの株の五〇％を買う機会があり、七五万ドルを失う可能性はせいぜい五％だった。つまり、実際のリスクは四万ドルで、しかもまったく損をしないという統計的な根拠が十分にあった。

ハイト、デルマン、マシューズの側から見ると、私たちは可能なかぎり最高の非対称レバレッジを得ることができた。それは時間と資金だ。私たちは五年という期間と自己勘定で運用できる数百万ドルを手に入れ、さらに最低でも確実にインカムゲインが得られた。

最初のパートナーシップを支えた構造的要因は次のとおりだった。

①トレードで負うリスクの確率が事前に決まっていた。
②先物の証拠金には短期国債の金利がつくうえに、マンはプライムレート以下で借りることができたので、安く資金調達ができた。

これらは元本保証型ファンドを支えた要因と同じだ。それらの要因によって、ファンドを初めて立ち上げたとき、二〇〇万ドルのキャッシュフローのうち二五万ドルのリスクがとれるようになった。このファンドは今年の年末までに五〇〇〇万ドル以上を稼げるだろう。これは当初の二五万ドルの投資――当時のキャッシュフローの一二・五%――の四〇倍のリターンだ。

現在、マン・グループにはチャルダントに似たファンドがある。これらのファンドで最も古いものはSATで、これは年一〇〇%を超える利益を四年間出し続けている。この記録を達成した期間の最大ドローダウン（最大資産からの下落率）は一六%だった。ほとんどの銘柄は同じ四年間に少なくとも一回は一六%下げたことがあるが、年平均で一〇〇%上げた銘柄はほとんどなかった。

チャルダントのようなファンドが成功した理由は次のとおりだ。

①取引手数料が安いためにリスクを頻繁に調整できることと、ラン・ディー・システムが相場の急反転状況でリスク回避機能を持つこと。
②リスクに偏りがないように、すべての「賭け」でリスクを等しくとっている。

これらすべての要素によって、リスク管理ができるだけでなく、レバレッジを高めたことが有利に働くため、レバレッジに比べてリスクが非常に小さくなる。

非対称レバレッジの特徴

非対称レバレッジが機能するためには、時間・知識・お金という三大要素が必要だ。

①**時間**　通常、素早く行動しなければならないほど、リスクが高くなる。しかし、時間をかけて、どこで行動するかを選んでおけば、実質的にはリスクなしで動ける。
②**知識**　ゲームを知らなければ、確率を知ることはできない。確率が分からなければ、知的な賭けはできない。ゲームを明確に定義する利点は、例えばＭＩＭＣのトレードを見

ればよく分かる。ＭＩＭＣでは、私たちは先物の原資産についてはは何も知らないが、それらのトレード方法についてはすべてを知っている。それを知らずにレバレッジを用いていれば、すぐにかやがてかは別にして、大きな損失を被っていただろう。

③お金　お金があれば、時間をかけて知識を増やすことができるし、大数の法則をうまく利用できる。

ジェイ・プリツカーは取引が彼にとって大きすぎる場合には、けっして無理をしない。パートナーを見つけるか、手を引く。言い換えると、彼はけっして良い非対称レバレッジの立場から外れたことをしない。ブラニフを買収したときの彼のコメントはそれをうまく要約している。「ブラニフの買収には五〇〇〇万ドルかかるでしょう。うまくいけば、五億ドルの価値があります。うまくいかなくても、私は損失を受け入れることができます」

非対称レバレッジ・プロジェクトの提案

ディック・エルデンとの関係を通じて、私たちはボラティリティがほとんどなく、四半期で損失を出さずに、一五～二〇％の利益を出しているマネーマネジャーたちを何人か見つけることができた。彼らは基本的にテクニカル手法を用いているため、各マネジャーの成績はほかのマネジャーとも、市場全般とも相関していない。

彼らの実績は質が良いが、ここではあえて最悪の場合に二〇％のドローダウンを被るリスクがあると仮定する。さらに、このトレードをマン・グループ内の別の事業部門として扱い、例えば五〇〇万ドルの資本を提供して、二〇〇〇万ドルの融資をすると仮定する。粗利益を二〇％とすると、この事業は二〇〇〇万ドルに対する利払い前で五〇〇万ドルが得られ、純利益は三〇〇万ドルで、自己資本に対する利益率は六〇％になる。粗利益が一五％の場合、自己資本に対する利益率は三五％になる。

実際には、このマネジャーたちは長期にわたって損失を出した四半期がなかったため、この事業でのリスク調整後リターンはもっと良い。例えば、実際のリスクが自己資本の二〇％ではなく、一〇％だと仮定すると、粗利益が二〇％の場合の自己資本に対する利益率は一二〇％に、粗利益が一五％の場合では八七・五％に増える。

この事業は明らかに資金コストとマネジャーたちのポートフォリオの結果との間にレバレッジを用いた裁定取引だ。以前に述べたように、知識もなしにレバレッジを用いると、いずれ大きな損失を被る。この提案を非対称レバレッジの最初のプロジェクトの有力候補に挙げるのは、ポートフォリオ内のマネジャーたちの実績がＭＩＭＣのトレードと同様に定量的な分析を条件にしているからだ。長期の実績があれば、私たちのリスク測定と管理の手法を用いて、これらのマネジャーを再び「活用する」ことができる。この分析から、ほかに二つの実践的な条件が明らかになる。

①長期での確率（大数の法則）が利用できるように、この事業に長期的に取り組む必要がある。
②利益は金利に合わせて上昇するわけではない。それを考えると、資金コストは固定されている必要がある。

このトレードを事業としてリスク・リワード・レシオで評価すると、マン・グループの商品トレードによく似ている。例えば、マンの砂糖のトレードでは、ポジションサイズで見て資金の三六％のリスクをとり、自己資本の四〇％の利益を狙う。ここで見た事業は、信用リスクや取引相手の債務不履行リスクを増やさずに同等のリスク・リワード・レシオを生み出す。

非対称レバレッジのワーキンググループ

私たちはニューヨークに拠点を置き、LH／HMcGに報告する非対称レバレッジグループを設立する必要がある。このグループは企業部門で非対称レバレッジの機会を見つける任務を負う。この戦略には二五〇〜五〇〇万ドルで公債の購入を管理し、この事業についての追加資金を調達することが含まれる。私たちの強みは資金管理と金融商品なので、最初の段階ではこの領域に焦点を当て、次の目標では保険とS＆L（貯蓄貸付組合）分野に焦点を当てると考えられる。ロバート・ローゼンクランツはこれらの機会をうまく説明している。一九八七年に、二〇〇〇万ドルの資金とGEクレジットからの二億四〇〇〇万ドルの借入金で、リライアンス・インシュアランス・カンパニーと八億ドルの資産を管理した。ディック・エルデンの助言によって、彼は資産の分散投資に基づくポートフォリオ戦略を導入した。そして、初年度の純利益を倍増させた。

非対称レバレッジグループの最初のスタッフは二人だった。彼らは提供された枠組みのなかで各人が独立して働けるように教育を受け、経験を積んだ。この事業の費用は一年目で二億ドルほどになる。

念のために言っておくと、ここで説明されているコンセプトは私自身の考えによるもので、資料に対する責任は私だけが負う。

また、私の考えを一貫した説明にまとめるのを手伝ってくれたハービー・マクグラスとパトリック・デュマに感謝する。また、ピーター・マシューズとマイケル・デルマンにも感謝する。彼らがいなければ、非対称レバレッジの実用的なモデルは作れなかっただろう。さらに、私はデビッド・フェダーマンと共同で責任を負いたい。彼が夕食の席で、非対称レバレッジとそれを事業経営にどう応用するかについて考えをまとめてほしい、と私に頼んだからだ。

■著者紹介

ラリー・ハイト（Larry Hite）

トレードや投資で35年以上も成功した経験があり、ウォール街で高く評価されている富豪の１人。1972年に「ゲーム理論の応用」という独創的な論文を発表し、ゲーム理論が先物取引に使えることを示唆した。さらに、その理論を実践した。ミント・インベストメント・マネジメントを共同で設立し、トレードに有名な統計的手法を取り入れて、業界初のシステマティックなトレンドフォロー型CTA（商品投資顧問業者）の１つを作り上げた。ミントとマン・グループとの画期的な合弁企業を設立して、オルタナティブ投資商品を考案し販売した。また、最初の元本保証型ファンドであるミント・ギャランティード・インベストメント・ファンドを作った。この商品が成功したため、その後、50以上の元本保証商品の構築にかかわることになった。ミントは10億ドル以上の資産を運用する最初のCTAになった。ハイトの成功は業界で認められ、ジャック・シュワッガーのベストセラー・『マーケットの魔術師』（パンローリング）に取り上げられた。2001年に、ハイト・キャピタル・マネジメントというファミリーオフィスを設立して、自己資金の運用やシステマティックトレード分野の研究を続けている。

■監修者紹介

長岡半太郎（ながおか・はんたろう）

放送大学教養学部卒。放送大学大学院文化科学研究科（情報学）修了・修士（学術）。日米の銀行、CTA、ヘッジファンドなどを経て、現在は中堅運用会社勤務。全国通訳案内士、認定心理士。『素晴らしきデフレの世界』『バフェットとマンガーによる株主総会実況中継』『配当成長株投資のすすめ』『ワイコフメソッドの奥義』のほか、訳書、監修書多数。

■訳者紹介

山口雅裕（やまぐち・まさひろ）

早稲田大学政治経済学部卒業。外資系企業などを経て、現在は翻訳業。訳書に『フィボナッチトレーディング』『規律とトレンドフォロー売買法』『逆張りトレーダー』『システムトレード　基本と原則』『一芸を極めた裁量トレーダーの売買譜』『裁量トレーダーの心得　初心者編』『裁量トレーダーの心得　スイングトレード編』『コナーズの短期売買戦略』『続マーケットの魔術師』『アノマリー投資』『シュワッガーのマーケット教室』『ミネルヴィニの成長株投資法』『高勝率システムの考え方と作り方と検証』『コナーズRSI入門』『３％シグナル投資法』『成長株投資の神』『ゾーン最終章』『とびきり良い会社をほどよい価格で買う方法』『株式トレード　基本と原則』『金融市場はカジノ』『「恐怖で買って、強欲で売る」短期売買法』『「株で200万ドル儲けたボックス理論」の原理原則』（パンローリング）など。

2020年11月３日　初版第１刷発行

ウィザードブックシリーズ(301)

ルール
――トレードや人生や恋愛を成功に導くカギは「トレンドフォロー」

著　者　ラリー・ハイト
監修者　長岡半太郎
訳　者　山口雅裕
発行者　後藤康徳
発行所　パンローリング株式会社
〒160-0023　東京都新宿区西新宿 7-9-18　6階
TEL 03-5386-7391　FAX 03-5386-7393
http://www.panrolling.com/
E-mail　info@panrolling.com
編　集　エフ・ジー・アイ（Factory of Gnomic Three Monkeys Investment）合資会社
装　丁　パンローリング装丁室
組　版　パンローリング制作室
印刷・製本　株式会社シナノ

ISBN978-4-7759-7270-0

ジャック・D・シュワッガー

現在、マサチューセッツ州にあるマーケット・ウィザーズ・ファンドとＬＬＣの代表を務める。著書にはベストセラーとなった『マーケットの魔術師』『新マーケットの魔術師』『マーケットの魔術師［株式編］』（パンローリング）がある。
また、セミナーでの講演も精力的にこなしている。

ウィザードブックシリーズ 19

マーケットの魔術師

定価 本体2,800円+税　ISBN:9784939103407

トレード界の「ドリームチーム」が勢ぞろい

世界中から絶賛されたあの名著が新装版で復刻！　投資を極めたウィザードたちの珠玉のインタビュー集！ 今や伝説となった、リチャード・デニス、トム・ボールドウィン、マイケル・マーカス、ブルース・コフナー、ウィリアム・オニール、ポール・チューダー・ジョーンズ、エド・スィコータ、ジム・ロジャーズ、マーティン・シュワルツなど。

ウィザードブックシリーズ 201

続マーケットの魔術師

定価 本体2,800円+税　ISBN:9784775971680

『マーケットの魔術師』シリーズ 10年ぶりの第4弾！

先端トレーディング技術と箴言が満載。「驚異の一貫性を誇る」これから伝説になる人、伝説になっている人のインタビュー集。マーケットの先達から学ぶべき重要な教訓を40にまとめ上げた。

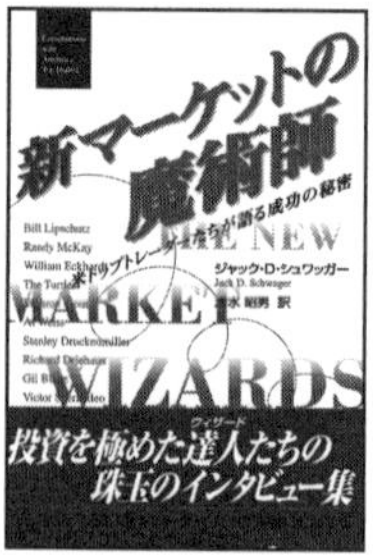

ウィザードブックシリーズ 13

新マーケットの魔術師

定価 本体2,800円+税　ISBN:9784939103346

知られざる“ソロス級トレーダー”たちが、率直に公開する成功へのノウハウとその秘訣

投資で成功するにはどうすればいいのかを中心に構成されている世界のトップ・トレーダーたちのインタビュー集。17人のスーパー・トレーダーたちが洞察に富んだ示唆で、あなたの投資の手助けをしてくれることであろう。

アート・コリンズ

CBOT（シカゴ・ボード・オブ・トレード）の会員で、ほぼ 20 年にわたってメカニカルシステムの開発を手掛けている。パートナーとともに、1997 年にトレードを開始したメカニカルな S&P システムによって数百%の収益を生み出した。ノースウェスタン大学卒業。また長年、風刺的ロックバンド、クリーニング・レイディーズのギタリスト兼作詞作曲者を務めている。

ウィザードブックシリーズ 90

マーケットの魔術師 システムトレーダー編

定価 本体2,800円+税　ISBN:9784775970522

市場に勝った男たちが明かす メカニカルトレーディングのすべて

メカニカルなトレーディングシステムとは、決定がすべて機械的になされるトレード方法のことである。「慎重なアプローチ」と「冒険的なアプローチ」がある。トレードという芸術は、トレーダー個人の努力によってその腕を上げることができる。14人の傑出したトレーダーたちのインタビューによって、読者のトレードが正しい方向に進む手助けになるだろう。

ウィザードブックシリーズ111

マーケットの魔術師 大損失編

定価 本体2,800円+税　ISBN:9784775970775

窮地に陥ったトップトレーダーたちは どうやって危機を乗り切ったか？

夜眠れぬ経験や神頼みをしたことのあるすべての人にとっての必読書！ 35人のスーパートレーダーたちが大損失を喫したとき、ウィザード（トニー・サリバ／マーク・クック／リンダ・ブラッドフォード・ラシュキ／ローレンス・G・マクミラン／ジョー・ディナポリ／スティーブ・ムーア……）たちは どう対処したか。

ウィザードブックシリーズ 274

トレンドフォロー大全

上げ相場でも下げ相場でもブラックスワン相場でも利益を出す方法

マイケル・W・コベル【著】

定価 本体7,800円+税　ISBN:9784775972434

なぜいつもトレンドフォロワーは最後に勝ってしまうのか？ ブームにもバブルにもパニックにも大暴落にも機能する戦略！

本書は上げ相場でも、下げ相場でも、まったく予期しない相場でも利益を上げることができるトレード戦略について書かれたものである。ブル相場であろうと、ベア相場であろうと、経験や統計で予測できないブラックスワン相場であろうと、簡単で再現性のあるルールを適用し、トレンドが変わる瞬間までトレンドに従うことでだれでも市場で利益を出すことができるのだ。彼の古典をベストタイミングで全面改訂した本書では、トレンドフォロー戦略をリスク、利点、人々、システムに焦点を当てて分析している。何百万ドルも稼いだトレーダーや彼らの成功と失敗から、多くのことを学べるはずだ。こうした話は本書でしか読むことはできない。さらにトレンド哲学や、それがブーム、バブル、パニック、大暴落のときにどう機能したかも学ぶことができる。しっかりとしたデータと動かぬ証拠、そして行動ファイナンスを駆使して、トレンドフォローの中核となる原理を突き詰めた本書は、新米トレーダーからプロトレーダーまであらゆるトレーダーにとって役立つはずだ。市場からアルファを引き出すにはどうすればよいのか。その答えは本書のなかにある。

この改訂版では7人のプロトレーダーへのインタビューと彼の独自ネットワークを使って取得したトレンドフォローの研究論文が新たに加えられ、今日的なトピックが満載されている。パッシブインデックスファンドを超えた耐久性のあるポートフォリオを構築したい人、FRBを信じてばかりもいられないと思う人にとって、これほどパーフェクトな本があるだろうか。

- 偉大なトレンドフォロワーと出会い、彼らのルールとゲームの哲学を学ぼう。
- 窮地に陥ったとき、トレンドフォローがいかに素晴らしいものであるかを実感するためにデータを分析してみよう。
- トレンドトレードを理解しよう。トレンドトレードの中核をなすものは行動経済学やルールに基づく意思決定で、効率的市場仮説はその対極にある。
- トレンドトレードの哲学を学び、自分で実践してみよう。あるいはトレンドフォローファンドに投資してもよいだろう。

トレンドフォローとは予測をすることではなく、パッシブインデックス投資でもなければ、買ってただ祈ることでもない。トレンドフォローはいかなる形のファンダメンタルズ分析でもない。トレンドフォローとは具体的なルール、つまり経験則を使って、人間の行動心理を利用して利益を上げる戦略のことを言うのだ。トレンドフォローは非常に明快で、簡単で、根拠に基づく戦略だ。常にカオスのなかにある複雑な世界で利益を上げたい人にとって、トレンドフォローほど確実な戦略はいまだこの地球上では発見されていない！

ウィザードブックシリーズ285

トレンドフォロー戦略の理論と実践

アレックス・グレイザーマン博士, キャスリン・カミンスキー博士【著】

定価 本体5,800円+税　ISBN:9784775972540

過去800年以上にわたって利益を上げ続けてきた！ クライシスアルファを極める

長年、批判されてきたトレンドフォロー戦略だが、本書では、「歴史的な視野」「トレンドフォロー戦略の基本」「理論的な基盤」「代替資産クラスとしてのトレンドフォロー戦略」「ベンチマークとスタイル分析」「投資ポートフォリオのなかのトレンドフォロー戦略」の各部を通じて、効率的市場やエクイティプレミアムやバイ・アンド・ホールドなどの概念を補完するものであることを明らかにしていく。

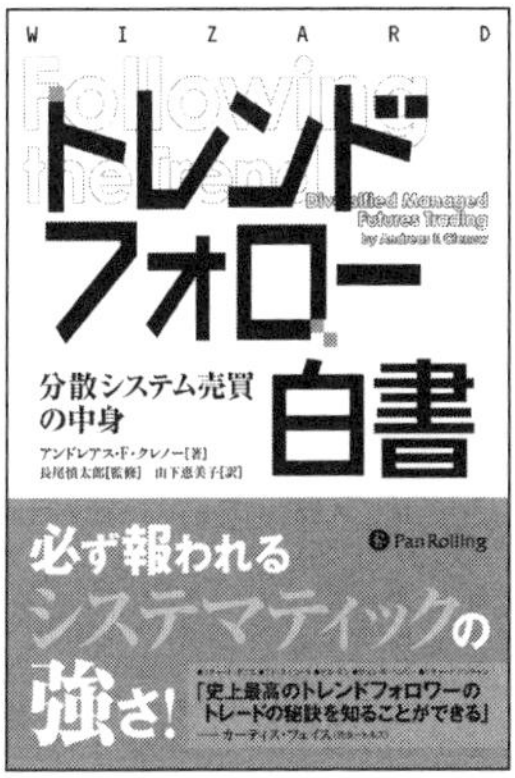

ウィザードブックシリーズ218

トレンドフォロー白書

分散システム売買の中身

アンドレアス・F・クレノー【著】

定価 本体5,800円+税　ISBN:9784775971871

必ず報われるシステマティックの強さ！

本書は、買いと売りのルールのように間違ったことに重きを置けばなぜ失敗するのかを示すと同時に、トレンドフォローで最も重要なことは何なのかを教えてくれるものだ。ナスダックやTビルから通貨ペア、白金、畜産まで、ありとあらゆるものをトレードすることで、経済状況や株式市場の相場つきによらずに大金を儲けることができる。トレンドフォローの年ごとのパフォーマンスを分析し、パフォーマンスに寄与するものを見つけだすことで、先物を大規模にトレードするということはどういうことなのか、本当の問題や機会がどこにあるのかを深く理解できるようになるはずだ。

ウィザードブックシリーズ 183

システムトレード基本と原則
トレーディングで勝者と敗者を分けるもの

ブレント・ペンフォールド【著】

定価 本体4,800円+税　ISBN:9784775971505

あなたは勝者になるか敗者になるか？

勝者と敗者を分かつトレーディング原則を明確に述べる。トレーディングは異なるマーケット、異なる時間枠、異なるテクニックに基づく異なる銘柄で行われることがある。だが、成功しているすべてのトレーダーをつなぐ共通項がある。トレーディングで成功するための普遍的な原則だ。マーケットや時間枠、テクニックにかかわりなく、一貫して利益を生み出すトレーダーはすべて、それらの原則を固く守っている。彼らは目標に向かうのに役立つ強力な一言アドバイスを気前よく提供することに賛成してくれた。それぞれのアドバイスは普遍的な原則の重要な要素を強調している。

ウィザードブックシリーズ 265

株式トレード 基本と原則

マーク・ミネルヴィニ【著】

定価 本体3,800円+税　ISBN:9784775972342

生涯に渡って使えるトレード力を向上させる知識が満載！

本書はミネルヴィニをアメリカで最も成功した株式トレーダーの1人にしたトレードルールや秘密のテクニックを惜しげもなく明らかにしている。株式投資のノウハウに本気で取り組む気持ちさえあれば、リスクを最低限に維持しつつ、リターンを劇的に増やす方法を学ぶことができるだろう。ミネルヴィニは時の試練に耐えた市場で勝つルールの使い方を段階を追って示し、投資成績を向上させて素晴らしいパフォーマンスを達成するために必要な自信もつけさせてくれるだろう。

ウィザードブックシリーズ261

マーケットのテクニカル分析練習帳

ジョン・J・マーフィー【著】

定価 本体2,800円+税　ISBN:9784775972298

テクニカル分析の定番『マーケットのテクニカル分析』を完全征服！

『マーケットのテクニカル分析』の知見を実践の場で生かすための必携問題集！　本書の目的は、テクニカル分析に関連した膨大な内容に精通しているのか、あるいはどの程度理解しているのかをテストし、それによってテクニカル分析の知識を確かなものにすることである。本書は、読みやすく、段階的にレベルアップするように作られているため、問題を解くことによって、読者のテクニカル分析への理解度の高低が明確になる。そうすることによって、マーフィーが『マーケットのテクニカル分析』で明らかにした多くの情報・知識・成果を実際のマーケットで適用できるようになり、テクニカル分析の神髄と奥義を読者の血と肉にすることができるだろう！

好評発売中

『出来高・価格分析の実践チャート入門』

定価 本体3,800円+税

ウィザードブックシリーズ223

出来高・価格分析の完全ガイド

100年以上不変の「市場の内側」をトレードに生かす

アナ・クーリング【著】

定価 本体3,800円+税　ISBN:9784775971918

FXトレーダーとしての成功への第一歩は出来高だった！

本書には、あなたのトレードにVPA（出来高・価格分析）を適用するために知らなければならないことがすべて書かれている。それぞれの章は前の章を踏まえて成り立つものだ。価格と出来高の原理に始まり、そのあと簡単な例を使って2つを1つにまとめる。本書を読み込んでいくと、突然、VPAがあなたに伝えようとする本質を理解できるようになる。それは市場や時間枠を超えた普遍的なものだ。